善作善成

中·国·网·络·扶·贫·纪·事

主编 ◎ 王保平

副主编 ◎ 邵素宏

人民邮电出版社

北京

图书在版编目（CIP）数据

善作善成：中国网络扶贫纪事 / 王保平主编. --北京：人民邮电出版社，2020.10
ISBN 978-7-115-54858-0

Ⅰ. ①善… Ⅱ. ①王… Ⅲ. ①互联网络－应用－扶贫－概况－中国 Ⅳ. ①F126-39

中国版本图书馆CIP数据核字（2020）第176848号

内 容 提 要

2020年是我国全面建成小康社会目标实现之年，是全面打赢脱贫攻坚战收官之年。网络扶贫是信息时代中国扶贫的一大亮点，是互联网创新成果与精准扶贫方略的有效结合。

本书记录了我国网络扶贫的丰硕成果，回溯了电信普遍服务工程的推进历程，呈现了网络扶贫的创新举措和扶贫一线的全新风貌；介绍了网络扶贫楷模的典型事迹，反映了网络建设者攻坚克难的奋斗精神；总结了网络扶贫的成功经验，提炼了中国扶贫的创新模式，为社会留下了网络扶贫助力脱贫攻坚的经典样本。

本书结合时代特色，系统梳理成果，铭记扶贫历史，记载我国脱贫攻坚的伟大成就，凸显了网络扶贫中展现出来的"集中力量办大事"的制度优势，展示了中国道路的光明前景。

◆ 主　编　王保平
　　副 主 编　邵素宏
　　责任编辑　韦　毅
　　责任印制　李　东　陈　犇

◆ 人民邮电出版社出版发行　北京市丰台区成寿寺路11号
　　邮编　100164　电子邮件　315@ptpress.com.cn
　　网址　https://www.ptpress.com.cn
　　北京瑞禾彩色印刷有限公司印刷

◆ 开本：720×960　1/16
　　印张：17　　　　　　　2020年10月第1版
　　字数：208千字　　　　2020年10月北京第1次印刷

定价：69.00 元

读者服务热线：（010）81055552　印装质量热线：（010）81055316
反盗版热线：（010）81055315
广告经营许可证：京东市监广登字 20170147 号

序　言

缩小"数字鸿沟" 助力全球减贫

消除贫困是全人类的共同使命，也是世界性的难题。

当前，贫困在全球范围内依然广泛存在，而且危害深远，不仅严重影响个体幸福与社会发展，也是地区冲突、环境恶化和恐怖主义蔓延等问题的重要根源之一。

2015年9月，联合国发展峰会通过了2015年后发展议程。该议程包括17个可持续发展目标和169个具体目标。这17个可持续发展目标中的第一个就是"在全世界消除一切形式的贫困"，它下设7个具体目标，其中第一个是"到2030年，在全球所有人口中消除极端贫困"。

为了共同的目标，世界各个国家和地区都付出了巨大的努力。其中，中国的成就举世瞩目。近十年来，作为全球人口数量最多的发展中国家，中国全力实施脱贫攻坚，实现了大规模人口脱贫，并将在2020年全面消除贫困。这是前所未有的壮举，也是对人类减贫事业的杰出贡献。"中国式扶贫"的优秀经验值得全世界关注，其中最具代表性的举措之一就是网络扶贫。

中国国家主席习近平提出，要实施网络扶贫行动，推进精准扶贫、精准脱贫，让扶贫工作随时随地、四通八达，让贫困地区群众在互联网共建共享中有更多获得感。我十分认同这一观点。21世纪以来，以移动通信、互联网、大数据、云计算、物联网、人工智能等为代表的新一代信息技术，加速了数字经济的发展，催生了一系列新模式、新业态、新产业，给我们的生产生活、经济结构、行为方式以及思维范式都带来了巨大改变，越来越多的人共享到了数字经济的红利。但是，由于通信网络基础设施建设和应用水平的差异，"数字鸿沟"依然广泛存在，而财富分配的不平衡与信息获取的不平衡之间存在着紧密的内在联系，"数字鸿沟"在信息时代从一定程度上加剧了贫富差距，缩小"数字鸿沟"比以往任何时候都更为迫切。

长期以来，国际电信联盟致力于推动各国缩小"数字鸿沟"、支持各国完善相关政策标准，在电信普遍服务领域开展了卓有成效的工作，包括中国在内的世界多个国家和地区在宽带发展战略及规划中积极关注弥补"数字鸿沟"，探索形成了各有千秋的电信普遍服务经验。

2019年8月，国际电信联盟与中国工业和信息化部、甘肃省人民政府在甘肃敦煌联合举办电信普遍服务与网络扶贫研讨会，并共同发布《敦煌倡议》，提出了"推进深度覆盖、加快创新步伐、拓展应用空间、促进共同发展、完善法规体系、加强国际合作、鼓励市场竞争、加快终端普及"八项倡议。同时，我欣喜地获悉，中国组织的电信普遍服务试点项目已累计支持超过13万个行政村的光纤和4G网络覆盖，实现了全国行政村通光纤和4G网络比例均超过98%，试点地区平均下载速率超过70 Mbit/s，基本实现农村、城市"同网同速"。

很难想象，在中国这样一个幅员辽阔、地形复杂、人口众多的发展中国家，电信普遍服务能取得这样令人瞩目的成绩。从珠穆朗玛峰到边陲小海岛，从偏远的"悬崖村"到深山的古村落，中国有很多贫困群众已经通过电信普遍服务和网络扶贫搭上了脱贫致富的信息快车，电子商务、远程医疗、智慧教育、云上签约等领先的信息应用也深入到广大农村地区，点亮了越来越多人摆脱贫困、走向幸福的希望之光。

我为中国在网络扶贫领域取得的巨大成就和丰硕成果感到振奋，其背后的故事值得书写，积累的经验值得总结，蕴含的智慧值得深思。我相信，利用信息通信技术开展网络扶贫和促进偏远地区数字化发展的中国方案，对推进全球减贫事业具有积极而深远的意义。

是为序。

国际电信联盟秘书长

2020 年 9 月

目 录

第一章 决战网络扶贫

1.1 信息时代无"网"不利 /3

1.2 实施网络扶贫行动 /6

第二章 "普遍服务"按下快进键

2.1 "村通工程"起宏图 /17

2.2 电信普遍服务的中国路径 /28

2.3 98%,创造世界奇迹 /36

第三章 网络跨越千山万水

3.1 打通"悬崖村"信息高速路 /45

3.2 飞跃独龙江"太古秘境" /55

3.3 开启川西新长征 /65

3.4 挑战"世界屋脊" /73

3.5 驰骋万里海疆 /82

3.6 挺进黔西南最深处 /92

3.7 突破陕甘宁"最后一公里" /98

第四章　网络铺就致富路

4.1 从"下山脱贫"到"云端致富" /109

4.2 和马云一起敲钟的农民卖家 /114

4.3 淘宝村的春天 /119

4.4 "多多农园"故事多 /122

4.5 直播带货开启扶贫新篇 /125

4.6 搭上电商快车的"皮山礼物" /131

4.7 农产品"飞"进城 /136

第五章　信息赋能惠乡村

5.1　破解"三区三州"教育难题　/145

5.2　农村医疗从这里破题　/152

5.3　小手机赋能大农业　/157

5.4　乡村政府"智"理升级　/161

5.5　5G助力新农村华美"蝶变"　/168

5.6　信息"黑科技"精准扶贫　/174

第六章　携手"大扶贫"

6.1　三年改则行,一生援藏情　/183

6.2　乡村战"疫"人　/191

6.3　"香蕉县长"　/194

6.4　背着娃娃去扶贫　/200

6.5　他们,倒在扶贫路上　/205

第七章　贡献中国智慧

7.1　当惊世界殊　/223

7.2　奇迹的背后　/229

7.3　网络扶贫的经济学价值　/240

7.4　网络扶贫的社会学意义　/248

展　望　/256

后　记　/259

第一章

决战网络扶贫

"确保到二〇二〇年我国现行标准下农村贫困人口实现脱贫，贫困县全部摘帽，解决区域性整体贫困，做到脱真贫、真脱贫。"中国共产党在第十九次全国代表大会上，向中国人民作出庄严承诺。

然而，一个13亿多人口的发展中国家，如何在几年时间内帮助7000多万人口摆脱贫困，进而实现全面建成小康社会的目标？这实在太难了。

"为中国人民谋幸福，为中华民族谋复兴"，再难啃的"硬骨头"也要啃下来！

党中央开出了"药方"——"可以发挥互联网在助推脱贫攻坚中的作用，推进精准扶贫、精准脱贫，让更多困难群众用上互联网，让农产品通过互联网走出乡村，让山沟里的孩子也能接受优质教育""要实施网络扶贫行动，推进精准扶贫、精准脱贫，让扶贫工作随时随地、四通八达，让贫困地区群众在互联网共建共享中有更多获得感"。

一场世所未见、席卷神州的网络扶贫攻坚战就此全面打响。

1.1　信息时代无"网"不利

穿过古木参天的密林,一处清澈见底的河湾跃入眼帘。河边清泉四溢,古朴的水车正吱吱呀呀地缓缓运转着。不远处,一片吊脚楼层层叠叠,不时传来清亮的山歌声。这里是杨正旺的家乡,贵州黔西南州望谟县一个古老的苗族村寨。

对外来的朋友而言,这避世的绝好风景、淳朴的民族风情,实在美不胜收,真想让一切定格于此。但生于斯、长于斯的杨正旺想得更多。古老的村道,破旧的房屋,闲散的生活节奏,频发的洪涝灾害……望谟,这个国家级贫困县,需要白云悠悠、绿波花海,更需要衣食无忧、富足安康。

杨正旺和他的乡亲们想把望谟旖旎的风光呈现给世人,想把家乡独特的风情、绿色的物产推介给大众,也想把外面先进的技术、领先的理念引入这个位于祖国大西南的深度贫困地区。但是,在"地无三分平"的黔西南,复杂多变的喀斯特地貌阻隔了望谟与外界的沟通,信息的闭塞使得现代文明无法及时传递到大山深处。虽然 2007 年在通信建设者的努力下,这里接通了电话,改变了"通信基本靠吼"的被动局面,但这还远远不够。贫困地区要摘掉"贫困帽",必须要打通信息瓶颈、跨过"数字鸿沟",才能跟上社会的节奏,才能与外界日新月异的变化同步,才能融入信息时代的发展洪流。

什么是信息时代?这个问题难住了杨正旺的乡亲们,他们对此还没什么概念,生活几乎一直是这样没什么变化,与外界的交流有限。但身为通信人的杨正旺知道外面的世界正发生天翻地覆的变化，不久前听到的那段话一直让他的内心难以平静。

"这是一个摧毁你，却与你无关的时代；这是一个跨界打劫你，你却无力反击的时代；这是一个你醒来太慢，干脆就不用醒来的时代；这是一个不是对手比你强，而是你根本连对手是谁都不知道的时代。"这是 2015 年在第二届世界互联网大会上，"乡村教师代言人"马云发出的时代呐喊。

这个时代，就是信息时代！一个谁能最快占有信息、谁能有效主导信息、谁能充分利用信息，谁就能赢得先机的时代！

随着第三次工业革命大门的开启，信息化、网络化成为当今世界最显著的特征之一。特别是第二次世界大战之后，全球主要国家以实际行动瞄准了近乎一致的战略方向：强化信息通信技术能力和网络基础设施建设，全力提升国家网络空间竞争力。

在或明或暗的比拼竞速中，全球在 21 世纪快步迈入崭新的信息时代，信息通信网络逐渐成为与水、电、气一样硬核的国家战略性公共基础设施，而架构于网络基础设施之上的互联网亦是风靡全球，对人类社会发展的历史进程产生了重大影响。网上购物、手机点餐、云上签约、直播上课、远程医疗……当下，互联网已经成为人们学习、工作、生活不可或缺的重要平台，给人类社会的经济结构以及人们的行为方式、思维范式和想象边界都带来了颠覆式的变化。而已经融入、享受并受益于这一变革的人们，则以难以阻挡的态势集体进入了"互联网"正反馈模式，希望网速越来越高、带宽越来越大。

在这一需求的推动下，21 世纪第二个十年，宽带网络成为信息时代的"压舱石"。2012 年以来，全球已有 100 多个国家和地区提出并启动了宽带发展战略，它们纷纷设立专项基金，采取税收优惠，进行资金扶持，加大频谱分配政策的倾斜……将发展宽带作为抢占新时代国际经济、科技和产业竞争制高点的重要举措。2012年,爱立信公司的一项研究显示,全球的宽带普及率每增长10%,将推动GDP增长1%,对中国而言则将推动GDP增长2.5%。事实上,发展宽带不仅能直接推动GDP的增长,还能促进消费、拉动出口、增加就业、改造和提升传统产业,推动经济的转型和升级。

信息时代,无"网"不利。2013年"宽带中国"战略出台,宽带网络建设在我国大规模铺开。"北上广深"率先启动,紧接着,从东部沿海到中原大地再到广袤西部,百兆光纤宽带网络、4G无线宽带网络连续"攻城略地"。

2014年,4G元年,中国移动的4G网络已经覆盖了超过10亿人口、300多个城市;2014年10月,39个城市入选"宽带中国"示范城市(城市群),这些地区有90%的农村家庭具有4 Mbit/s及以上的宽带接入能力;2014年,"村通工程"实施十年,全国通宽带乡镇和行政村的比例分别达到100%和93.5%;2015年9月,中国电信助力四川建成了全国首个"全光网省"……

2014年和2015年那两年,一个个消息撞击着杨正旺的心:他的家乡,这一深度贫困的地区,什么时候能够接入宽带网络啊?

杨正旺在心中悄悄描绘了一幅幅画面——

有了宽带网络,就能建立起农民生产与市民消费的有效对接,实现大田园与大市场的直接连通;

有了宽带网络,就能促进农村小作坊与现代农业的有机衔接,通过信息链带动农业产业链、农产品供应链和价值链的发展;

有了宽带网络，就能将先进技术和现代理念引入山乡深处，让乡亲们直接与世界对话；

有了宽带网络，就能做到"互联网＋旅游"，来山寨游玩的客人可以随时随地在朋友圈秀美图、分享小视频；

有了宽带网络，就能把"互联网＋教育"带到山寨，让孩子们也能享受到和城里孩子一样的教育资源；

有了宽带网络，就能让"互联网＋医疗"落地沟沟坎坎，把三甲医院的专家"请"进村子里；

有了宽带网络，就能实现"互联网＋文化"，大山里的生活会变得丰富多彩……

宽带网络，是贫困地区难得的机遇，是落后地区实现与世界同步的"捷径"。

什么时候，我们才能让宽带网络在贫困地区四通八达，让更多困难群众用上互联网，让农产品通过互联网走出乡村，让山沟里的孩子也能接受优质教育？什么时候，我们能让互联网发展成果惠及全中国人民？

这肯定很难很难，但杨正旺和他的乡亲们，很期待很期待！

1.2　实施网络扶贫行动

2020年3月6日，全国抗击新冠肺炎疫情的关键时刻，习近平总书记在北京出席决战决胜脱贫攻坚座谈会并发表重要讲话。这次座谈会以电视电话会议的形式召开，在各省区市和新疆生产建设兵团以及中西部22个省区市所辖市（地、州、盟）、县（市、区、旗）设分会场，是党的十八大以来脱贫攻坚方面最大规模的会议。

习近平总书记强调，"以更大决心、更强力度推进脱贫攻坚，确保取得最后胜利""到2020年现行标准下的农村贫困人口全部脱贫，是党中央向全国人民作出的郑重承诺，必须如期实现，没有任何退路和弹性。这是一场硬仗，越到最后越要紧绷这根弦，不能停顿、不能大意、不能放松""夺取脱贫攻坚战全面胜利，坚决完成这项对中华民族、对人类都具有重大意义的伟业"。

全面建成小康社会，一个都不能少

2013年11月3日中午时分，湖南十八洞村"巧媳妇"农家乐又热闹起来。

这个农家乐是村民施成富的老宅，以前"雨天在屋里还要打把伞"，如今房子早已修葺一新。门前空地对着山谷，视野开阔。空地上搭着凉棚、挂着灯笼，十来张小桌前坐满游客。"最多时一天有200多人。"施成富喜上眉梢。

这一天，习近平总书记来到湖南省湘西州花垣县双龙镇十八洞村考察，正是在施成富家门前的空地上召开了座谈会，"同大家一起商量脱贫致富奔小康之策"。

在这里，习近平总书记首次提出"精准扶贫"，明确要求"不栽盆景，不搭风景""不能搞特殊化，但不能没有变化"，不仅要自身实现脱贫，还要探索"可复制、可推广"的脱贫经验。

从一个生产大队的党支部书记，到一个泱泱大国的最高领导人，习近平有着深厚的扶贫情结，始终牵挂着贫困群众，关心和思考着扶贫工作。习近平的扶贫思想"形"于知青的特殊经历和长期在地方主政的探索积淀，"成"于担任党的总书记成为党和国家的领导核心后①。用他自己的话说，"40多年来，我先后在中国县、市、省、中央工作，扶贫始终是我工作的一个重要内容，我花的精力最多"。党的十八大以来，他已走遍全国14个集中连片特困地区。

党的十八大闭幕不久，习近平总书记第一站去了广东，宣示坚持改革开放的坚强决心；第二站就到河北阜平革命老区，进村入户看真贫，提出了"两个重中之重"②和"三个格外"③。2013年，习近平总书记在湖南湘西十八洞村首次提出精准扶贫思想。2014年，习近平总书记提出精细化管理、精确化配置、精准化扶持等重要思想④。

2015年以来，习近平总书记就打赢脱贫攻坚战召开了多次专题会议，经常是一路调研，一路听取意见，一路进行工作部署，提出了一系列扶贫攻坚的新思想新观点新论断。总书记亲自部署、亲自出征、亲自督战，党中央、国务院召开系列会议，出台重磅文件，以前所未有的力度推进脱贫攻坚。2015年11月，《中共中央 国务院关于打赢脱贫攻坚战的决定》发布，全面部署"十三五"脱贫攻坚工作。2017年10月18日，党的十九大报告提出，"确保到二〇二〇年我国现行标准下农村贫困人口实现脱贫，贫困县全部摘帽，解决区域性整体贫困，做到脱真贫、真脱贫"。2018年6月，《中共中央 国务院关于打赢脱贫攻坚战三年行动的指导意见》发布，对到2020年打赢脱贫攻坚战进行全面部署。

---

① 摘自刘永富的《习近平扶贫思想的形成过程、科学内涵及历史贡献》，刊于《行政管理改革》2018年09期。
② 即"三农"工作是重中之重，革命老区、民族地区、边疆地区、贫困地区在"三农"工作中要把扶贫开发作为重中之重。
③ 即对各类困难群众要格外关注、格外关爱、格外关心。
④ 同①。

在以习近平同志为核心的党中央的坚强领导下，在全党全国全社会的共同努力下，我国脱贫攻坚取得决定性成就：贫困人口从 2012 年年底的 9899 万人减少到 2019 年年底的 551 万人，贫困发生率由 10.2% 降至 0.6%，连续 7 年每年减贫 1000 万人以上。到 2020 年 5 月 17 日，全国 832 个贫困县中已有 780 个宣布"摘帽"，区域性整体贫困基本得到解决。

中国的减贫成就得到国际社会的普遍认可，为世界其他发展中国家脱贫减贫提供了有益借鉴。

网络扶贫是决胜脱贫攻坚的新标杆

2016 年，是"十三五"规划开局之年。

以 2016 年为起点，中国，一个 13 亿多人口的大国，将用 5 年时间，帮助 7000 多万人口摆脱贫困，进而实现全面建成小康社会的目标。

5 年时间，7000 多万人脱贫，意味着什么？

回望历史，我们看到这样的数据和事实：受益于过去几十年经济的高速增长，我国约有 6.6 亿农村贫困人口摆脱了贫困，他们的物质生活水平显著改善，机会大幅度增加，选择面大幅度扩展。可以说，中国创造了世界减贫史上的奇迹。

当我国经济由高速增长阶段转入中高速增长阶段，经济发展的"减贫效应"逐年递减，剩余 7000 多万人口的扶贫攻坚遇到更难啃的"硬骨头"时，"中国式扶贫"如何继续为人民谋福利？

"可以发挥互联网在助推脱贫攻坚中的作用，推进精准扶贫、精准脱贫，让更多困难群众用上互联网，让农产品通过互联网走出乡村，让山沟里的孩子也能接受优质教育。"2016年4月19日，习近平总书记在网络安全和信息化工作座谈会上的讲话，首次明确将"互联网"与"扶贫"联系在一起，为新时期脱贫攻坚指出了一条创新之路。

至此，中国开启"网络扶贫元年"。

习近平总书记曾多次对实施网络扶贫发表重要讲话，作出重要指示批示。2019年3月8日，习近平总书记在全国两会期间参加河南代表团的审议时强调，要补齐农村基础设施这个短板，重点抓好农村交通运输、农田水利、农村饮水、乡村物流、宽带网络等基础设施建设。2019年4月16日，习近平总书记在重庆主持召开解决"两不愁三保障"突出问题的座谈会时强调，困扰群众的行路难、吃水难、用电难、通讯难、上学难、就医难、住危房等问题在大部分地区得到了较好解决。2019年9月，习近平总书记在河南考察时强调，要积极发展农村电子商务，加强重大基础设施建设。2020年3月6日，习近平总书记在出席决战决胜脱贫攻坚座谈会时指出，贫困地区群众出行难、用电难、上学难、看病难、通信难等长期没有解决的老大难问题普遍解决，强调要利用互联网拓宽销售渠道，多渠道解决农产品卖难问题。2020年4月20日，在陕西考察的习近平总书记来到柞水县小岭镇金米村的直播平台前，点赞当地特产柞水木耳。他强调，电商作为新兴业态，既可以推销农副产品、帮助群众脱贫致富，又可以推动乡村振兴，是大有可为的。

发挥互联网在助推脱贫攻坚中的作用，推进精准扶贫、精准脱贫，是习近平总书记提出的关于脱贫攻坚的创新性思想，具有鲜明的时代特色。

网络扶贫是习近平总书记对中国扶贫开发实践不断进行科学总结和理论提升而逐步形成并不断完善的理论体系，是我国乃至全球减贫理论的重大创新，为我国脱贫攻坚及今后的扶贫开发事业提供了理论指导和发展方向，为扶贫思想的丰富和发展作出了重大贡献。

深入实施网络扶贫行动

在习近平总书记网络扶贫理论的指引下，国家有关部门迅速部署，开展扎实有效的网络扶贫行动，打响了一场以网络信息技术助力脱贫攻坚的战役。

2016年7月发布的《国家信息化发展战略纲要》明确提出：实施网络扶贫行动计划，构建网络扶贫信息服务体系。这是在国家重大战略规划中首次提出实施网络扶贫行动。

2016年10月，中央网信办、国家发展改革委、国务院扶贫办联合印发《网络扶贫行动计划》，正式提出实施"网络覆盖工程、农村电商工程、网络扶智工程、信息服务工程、网络公益工程"五大工程，让互联网发展成果惠及13亿多中国人民。

2016年11月29日，全国网络扶贫工作现场推进会在革命老区江西宁都召开，会议提出要充分释放"数字红利"，让"网络红利"惠及贫困地区和贫困人口，提供"用得上、用得起、用得好"的网络服务，不让贫困地区群众在信息时代掉队。

2017年，在各方的合力推动下，网络扶贫行动取得明显成效。网络覆盖方面，贫困地区互联网建设和应用步伐明显加快，着力打通了贫困地区发展的信息网络"大动脉"；农村电商方面，贫困地区农村特色产业迅猛发展，着力构建了贫困县乡村电商服务网络；网络扶智方面，贫困地区的教育水平和就业创业能力明显提高，着力为贫困地区经济社会发展提供了智力、资金、渠道和技术等支持；信息服务方面，网络扶贫信息服务体系逐步健全，着力增强"互联网＋精准扶贫"的协同性和整体性；网络公益方面，人人参与的网络扶贫大格局日趋完善，中国社会扶贫网注册用户数突破1500万。

2018年6月发布的《中共中央 国务院关于打赢脱贫攻坚战三年行动的指导意见》提出，深入实施网络扶贫行动，统筹推进网络覆盖、农村电商、网络扶智、信息服务、网络公益五大工程向纵深发展，创新"互联网+"扶贫模式。完善电信普遍服务补偿机制，引导基础电信企业加大投资力度，实现90%以上贫困村宽带网络覆盖。鼓励基础电信企业针对贫困地区和贫困群众推出资费优惠举措，鼓励企业开发有助于精准脱贫的移动应用软件、智能终端。

2018年，中共中央网络安全和信息化委员会办公室（以下简称中央网信办）、国家发展和改革委员会（以下简称国家发展改革委）、国务院扶贫开发领导小组办公室（以下简称国务院扶贫办）、工业和信息化部（以下简称工信部）联合印发《2018年网络扶贫工作要点》，明确了2018年网络扶贫工作总的要求，部署了5个方面21项重点任务。

2019年，中央网信办、国家发展改革委、国务院扶贫办、工信部联合印发《2019年网络扶贫工作要点》，部署了7个方面25项重点任务，提出围绕解决"两不愁三保障"突出问题，聚焦深度贫困地区、特殊贫困群体和建档立卡贫困户，充分发掘互联网和信息化在精准脱贫中的潜力，扎实推动网络扶贫行动向纵深发展，不断激发贫困地区和贫困群众自我发展的内生动力，为打赢脱贫攻坚战作出新的更大贡献。

宽带网络作为重要的基础设施，在扶贫脱贫、乡村振兴中发挥着关键支撑作用。它不仅推动了工业品下乡、农产品进城，促进了城市教育、医疗等优质公共资源加快向乡村延伸，也极大地丰富了广大农民的精神文化生活。近年来，我国信息通信行业以习近平新时代中国特色社会主义思想为指引，牢固树立以人民为中心的发展思想，以实施电信普遍服务试点项目为抓手，扎实推进网络扶贫工作，为精准扶贫、精准脱贫作出了积极贡献。

为了让更多的贫困群众从宽带网络中获益，增强他们的获得感、幸福感，工信部紧扣"两不愁三保障"标准，聚焦基本医疗和义务教育，与医疗、教育部门联手开展互联网健康扶贫、远程教育宽带网络应用，鼓励企业开发有助精准脱贫的移动应用软件、智能终端，打造宽带网络应用示范工程，加大典型总结和宣传推广，擦亮网络扶贫"名片"。

2018年，工信部印发《关于推进网络扶贫的实施方案（2018—2020年）》的通知，提出以推进网络基础设施建设为突破口，以加快网络扶贫应用为方向，充分调动各方面积极性、主动性和创造性，不断缩小城乡"数字鸿沟"，为打好精准脱贫攻坚战提供坚实的网络支撑。

随着宽带网络不断向贫困地区延伸，曾经与世隔绝的广大偏远地区搭上了信息时代的快车，越来越多偏远地区的群众享受到了宽带网络带来的红利，宽带网络让贫瘠的土地开出了幸福花。

"衷心感谢以习近平同志为核心的党中央的亲切关怀""不忘初心 牢记使命"，两排鲜红的大字在新疆维吾尔自治区阿克陶县昆仑佳苑易地扶贫搬迁房上熠熠生辉。白天，这里的贫困户利用宽带网络学技术，种植大棚蔬菜脱贫致富。晚饭后，搬迁居民随着电信运营企业捐赠的大屏幕高清电视播放的音乐声翩翩起舞，尽享幸福生活。

独龙族是我国人口较少的少数民族之一，分布于云南省贡山独龙族怒族自治县独龙江流域的河谷地带。独龙族是从原始社会直接过渡到社会主义社会的民族，于2018年年底实现了整族脱贫，贫困发生率下降到了2.63%。2019年春节期间，独龙江乡迪政当村村委会的独龙族青年木金辉用手机在网上购买了一架小钢琴。

这些都是我国网络扶贫成果的缩影。

让贫困地区的人民有更多获得感，必须发展互联网、繁荣互联网、用好互联网，扎实开展网络扶贫行动。生活在深山腹地中的贫困百姓，因为一根网线的连接，在网络扶贫行动的春风中，再也不用守着自然资源当"宝贝"过苦日子了。如今，即使是穷乡僻壤的老百姓也能"用得上"互联网；网络覆盖越来越好，网速越来越快，各项提速降费措施让老百姓"用得起"互联网；日新月异的技术发展助力老百姓"用得好"互联网……用得上、用得起、用得好的信息服务正惠及更多百姓，正满足人民日益增长的美好生活需要，正在决战决胜脱贫攻坚中发挥重要支撑作用。

第二章
"普遍服务"按下快进键

打赢网络扶贫攻坚战，最关键的就是实施电信普遍服务，打通山村信息孤岛，缩小城乡"数字鸿沟"。

然而，资金谁来出，怎么出？服务谁来做，怎么做？时间紧、任务重、压力大，如何创新机制抢时间、补短板、保成效？

工信部、财政部等多个部委联合创新，地方党委、政府及相关部门倾力支持，电信运营企业等行业中坚全力以赴、上百万通信人日夜奋战……电信普遍服务试点项目的持续推进创造出世界奇迹：截至2019年，行政村通光纤和通4G网络比例均超过98%[1]，基本实现农村、城市"同网同速"。曾经与世隔绝的大山深处建起了比肩城市的信息高速路，越来越多的偏远地区群众共享到了信息时代的数字红利。

---

[1] 本书中的统计数据不含我国港澳台地区。

2.1 "村通工程"起宏图

2003 年,"十五"计划即将过半,新一届信息产业部领导班子上任。在第一次党组会上,新班子全面梳理了"十五"期间的行业任务与完成情况,在通信业强势起飞的背景下,大家信心满满,几乎所有的指标都能漂亮完成,除了一个指标,而这个指标让新一届信息产业部领导班子相当焦虑。

究竟是哪个指标,让这些见过大风大浪的与会领导也挠头呢?

"村通"指标,涉及全国几万个行政村的电话覆盖指标!根据信息产业"十五"计划纲要,2005 年我国要实现全国 95% 的行政村通电话,而 2003 年这一数据刚达到约 89%,全国 69.5 万个行政村中还有 7.5 万个没有任何通信手段。

21 世纪初,经过改革开放 20 多年的发展,我国通信行业取得了举世瞩目的成就,从严重制约国民经济的瓶颈一跃成为国民经济的基础性、战略性、先导性行业,网络规模和用户总数均跃居世界第一。

据统计,从 1990 年到 2003 年的十多年间,我国电信业务收入的增速都保持在两位数,最高时近 45%,是当年 GDP 增速的 3 倍多。1978 年,我国固定电话用户仅有 193 万户,电话普及率仅 0.38%。到了 2003 年,我国固定电话用户已达 2.9 亿户,电话普及率为 20.9%,达到了全球平均水平。

在我国通信水平快速提升的同时,有一个问题也日益突出。

受多方面因素的制约，我国农村地区尤其是老、少、边、山、穷地区的通信发展很不平衡，少数穷困地区的发展处于停滞状态甚至出现倒退。2003年，当全国的电话普及率超过20%时，农村的电话普及率约为11%，仅约为城市水平的三分之一。2004年，我国新增电话用户中，农村电话用户仅占9%。

城市须臾离不开的现代化通信工具，在偏远地区却很金贵，有的地方打一个电话仍要翻过几座山，安装一部电话甚至成为一个藏族阿妈一辈子的期盼！

我国自古就是一个农业大国，农业丰则国力强，农民富则国家盛，农村稳则社会安。没有农民的小康，就没有全国人民的小康；没有农业的现代化，就没有国家的现代化；没有农村通信的发展，就没有中国通信业的可持续发展，也不会有中国农村跨越式的发展。

"这个'95%'必须完成！这项指标涉及老百姓的利益，再大的困难，我们也要干！"信息产业部党组的意见很明确。

难啃的"硬骨头"！两年多时间要完成4万多个行政村的电话覆盖，这在全世界都不曾有过。

怎么办？

创新思路破难题

在经历过"白+黑""7×24小时"建设洗礼的通信人看来，翻山越岭、顶风冒雪进行农村通信覆盖并不是最难的，最难的是建设资金从哪里来。

第二章 "普遍服务"按下快进键

谁出钱？怎么出？

当时，在农村新装一部电话并不像城市那样，从配线盒拉根配号线到用户家里就行，而是需要先建交换网点。在某些山区，投资一个最小的交换网点，实装率仅为2%～3%，每线造价就要10万元以上，有的甚至高达二三十万元。而2003年，我国农民的全年人均可支配收入仅为2600元，与城市居民的8300元相去甚远，部分贫困地区的农民全年人均收入甚至不足千元。这也就意味着，电信运营企业在这些地方投资建网，会很难收回成本，即便能够收回成本，也需要一个相当长的周期。这对政企分开后直接面向市场竞争，同时又接受国务院国资委考核的电信运营企业来说，绝对是个大挑战。

鉴于企业追求利益的本质与提供普遍服务的责任相冲突，按照国际通用的做法，像"村通"[①]这样的普遍服务工程，主要通过普遍服务基金来推动。这个基金是政府按照电信运营企业的业务收入比例或市场份额提取的发展基金，还包括政府对频谱、码号等电信资源收费、许可证拍卖所得等资金的返还。从本质上说，普遍服务基金就是取之于城市、用之于农村，在通信行业内部实行的一个大交叉补贴。

但是由于基金的建立涉及很多部门，相关操作也非常复杂，基金一直迟迟没能建立起来，农村通信发展似乎"陷入僵局"。信息产业部经过多次与基金主管部门沟通后发现，在短时间内解决电信普遍服务基金问题看不到希望，通信业只能开动脑筋，自力更生。

当时主管"村通"工作的信息产业部副部长奚国华决定带领相关部门下去调研，从一线探寻解决农村通信问题的办法。

"我们跑了很多地方，发现农村的通信确实落后，而城市的市场竞争已

---

① 即"村村通工程"，一般简称"村通工程"。

经很激烈了,城乡发展极不均衡,推动'村通'很有必要,也很是迫切。"时任信息产业部电信管理局副局长的鲁阳在调研中感触很深。

一次次头脑风暴会召开,一个个主意提出来又被否定掉。在一次碰头会上,奚国华提议:"我们可以换个思路,搞分片包干!普遍服务基金是企业先按利润上缴资金,政府再拿出来交给企业完成普遍服务的任务。我们可以考虑这个思路,根据普遍服务需要的资金实施分摊,各企业分摊的比例,按其收入和利润占所有电信企业收入和利润总数的比例分摊,利润和收入权重各为50%。这不是也一样吗?"

这个建议让大家眼前一亮。缩小城乡"数字鸿沟",不能等、不能靠,总要闯出一条路。

但问题接踵而来:怎么划片最合适?哪个企业承担多少?根据是什么?哪些地方施工艰难、需要的投资高?哪些地方相对施工容易、花钱少?如何调动电信运营企业的积极性?

信息产业部很快推出了配套政策。一是谁承担包干工作,谁就有这片区域的市场优先权。二是在很多技术问题上都为"村通工程"开绿灯,如中国移动当时还没有固网运营牌照,就被允许通过移动固话解决覆盖问题。

为确保让农民真正获利,信息产业部出台了保障政策。一方面,由地方通信管理局负责"村通工程"的协调、监督检查、指导和推进。另一方面,为不增加农民负担,对通信费用的价格上限做了严格规定,电信运营企业可在上限规定范围内灵活地实施资费优惠。

为保证公平性,信息产业部"村通工程"领导小组对每个需要普遍服务的地区按照实现"村通"的难易程度进行综合评估打分,得出任务量,并按照各家基础电信企业的收入和利润在行业总量中的占比,以利润和收入各 50% 的权重进行分摊。

现在看来，这个颇具"中国特色"，略显粗糙、土气十足的办法不仅聪明，简直深得中国式管理的精髓，既把投资建设与运行维护、市场经营有机地结合起来，也解决了国际上采用普遍服务基金方式所带来的资金招投标烦琐、运维与经营相分离等的一系列问题。

超额完成任务

2004 年 1 月 16 日，信息产业部下发《关于在部分省区开展村通工程试点工作的通知》，并同时出台了《农村通信普遍服务——村通工程实施方案》。该通知明确中国电信、中国网通、中国移动、中国联通、中国卫通、中国铁通六大电信运营企业以"分片包干"的形式，分别承担陕西、四川、内蒙古、广西、河南五省区的"村通工程"试点任务。

六大运营企业齐齐发力，"村通工程"以燎原之势在中国大地上轰轰烈烈地开展起来。"村通工程"的试点在社会上也引起了广泛关注，地方政府的积极性尤为高涨。"几乎所有的省（区、市）都把'村通工程'作为当年地方政府为老百姓干实事的重要抓手之一，至少一半以上分管通信的省领导都亲自跑到信息产业部来，希望进一步加大对当地普遍服务的支持力度。"回忆起当年的忙碌，奚国华十分自豪。

经过一年的努力，2004 年我国共完成 9357 个行政村的通电话任务。在地方政府和社会各界的强烈呼声下，"村通工程"于 2005 年在全国全面铺开。

为加快速度取得这场战役的胜利，2005 年 5 月，信息产业部召开了全国村通工程专题工作会，吹响了向未通电话行政村冲刺的战斗号角。

这次会议是"村通工程"开展以来规格最高、规模最大的一次盛会，除了时任信息产业部副部长奚国华、部相关司局的领导外，国家发展改革委、财政部、国资委等部委，各省通信管理局和六大电信运营企业总部、相关省级电信运营企业的领导悉数到场。整整 3 天时间，一行人深入四川甘孜州康定镇孔玉乡和阿坝州小金县潘安乡等地，深度调研"村通工程"的第一手资料，考察 GSM、VSAT、SCDMA[②] 等技术手段在条件艰苦的"三州"地区新开通系统的现场使用情况，同时，进一步明确了"村通工程"中的资金管理、技术政策、资费等问题的处理细则。

一行人每到一处，十里八乡的群众盛装而来，端着清香的美酒，捧着洁白的哈达，真挚的笑容在金色的阳光下熠熠生辉。一句句真诚的问候、一个个殷切的期盼，让在场的通信人几度哽咽。

"当时，在调研现场的每一个人都很受震动。"奚国华回忆道，"中国移动当天晚上就组织相关部门的领导开了个会，讨论如何来贯彻落实'村通工程'。"

此次会议之后，"村通工程"的攻坚战在神州大地全面打响。截至 2005 年 11 月 27 日信息产业部在陕西延安召开全国电话村通工程现场会时，全国已有 96% 的行政村开通了电话，提前、超额完成了信息产业"十五"计划原来制定的 95% 的"村通"目标。

一座座高山，曾经阻断了世代农民对信息的渴求和走出去的梦想，却阻挡不住当代"村通工程"建设者前进的步伐。从白山黑水到喜马拉雅，从长江源头到大山深处……面对自然环境恶劣、基础设施条件差、勘测和施工难度大等重重困难，"村通工程"建设者以大无畏的气概和"万水千山只

---

② GSM 即 Global System for Mobile Communications，全球移动通信系统；VSAT 即 Very Small Aperture Terminal，甚小口径天线终端；SCDMA 即 Synchronous Code Division Multiple Access，同步码分多址。

等闲"的豪情,用顽强的毅力战胜了一个又一个困难,打赢了一个又一个攻坚战,在中国通信史上铸起了一座座新的丰碑。

"村通工程"施工人员在没有道路的崇山峻岭艰难跋涉

冲击 100%,挺进自然村

2006 年 3 月,信息产业部在北京召开村村通电话工程全国动员大会,将通信行业推进农村信息化具体落实为"三大任务、八项举措",包括再解决 10 600 个未通电话行政村的通电话问题,使我国通电话行政村比例提高到 98.6%;重点提高农村的电话普及率。

2007 年,"村通工程"向 20 户以上的自然村挺进,形成了行政村和自然村齐头并进的局面。不到半年时间,全国 20 036 个 20 户以上无电话自然村开通电话。上海、天津、江苏、广东、宁夏5省（区、市）实现了20户以上自然村全部通电话。当年年底，我国通电话的行政村比例达到99.5%，92%的乡镇开通了宽带。

2008年是我国大事、难事频发的一年。通信业在为四川抗震救灾、为北京奥运会提供通信保障的同时，也经历了一场大刀阔斧的改革——工业和信息化部成立，电信运营企业由6家重组为3家，3G发牌箭在弦上。面对如此繁重的发展、建设任务，如此大的体制改革、人事变动，"村通工程"还要不要搞下去？还能不能搞下去？

新组建的工信部党组十分明确，"人民邮电为人民"的传统不能丢，为人民服务的思想不能变，要继续把这项利国利民的工程做下去。时任工信部部长李毅中在学习贯彻党的十七届三中全会精神的讲话中提到，要推进农村信息化，在新农村建设中发挥积极作用。促进三网融合，加快农村宽带建设已成为农村信息化发展的重要助推力。当年，电信运营企业直接投资122亿元，顺利完成了全年的"村通"目标，大力改善了农村的通信状况。

随后，"村通工程"的内涵进一步丰富，从电话"村村通工程"到通信"村村通工程"，"三个三步走"的推进策略逐步变成现实：网络地域覆盖上，从乡镇到行政村、到自然村不断延伸；业务提供水平上，从通电话到通互联网、到通宽带，逐级提升；信息化发展进程上，从建基础设施到构建业务平台、到推广适农业务，层层推进。

从2004年到2013年，在主管部门的大力推进下，"村通工程"取得显著成效：10年间，行业累计投入870亿元，为20.4万个行政村和自然村开通电话，为11.1万个乡镇和行政村开通宽带，实现100%的行政村通电话，通电话自然村的比例达到95.6%，通宽带行政村的比例从

72%提升到91%。与此同时，全国乡镇开展信息下乡活动的覆盖率达到85%，建成乡镇、村信息服务站点33.8万个，一批全国农业综合信息服务平台上线。

历史会铭记"村通工程"的一个个精彩瞬间——

2004年10月2日，随着来自云南贡山独龙族怒族自治县独龙江乡的一部手机成功拨打通往北京的电话，我国最后一个少数民族聚居区从此结束了不通电话的历史；

2009年9月25日，西藏自治区墨脱光缆传输系统工程全面竣工，结束了全国最后一个县不通光缆的历史；

2011年3月11日，西藏自治区那曲市尼玛县中仓乡央龙曲帕村开通移动基站，我国实现了行政村100%"村村通电话"……

2010年6月，通信建设者肩挑背扛通信设备，翻山越岭建设丹巴水卡子通信基站

在西藏开通移动基站时的艰难跋涉

在"村通工程"推进的过程中,通信行业紧紧依靠党中央、国务院的坚强领导及各相关部门、地方党委和政府以及社会各界的大力支持,汇聚各方力量,形成强大合力。四川、西藏、贵州、湖南、湖北、江西等承担"村通工程"任务的重点地区的党委、政府纷纷将"村通工程"列入为民办实事工程,成立领导小组或建立联席会议等工作机制,为工程建设涉及的土地征用、青苗补偿③、道路开挖等工作提供"绿色通道",减免部分费用和税收,拨出专项建设资金,积极提供征地、供电、修路等方面的便利。"村通工程"的成功实施,充分体现了社会主义制度"集中力量办大事"的优越性。

③ 青苗补偿是指国家征用土地时,因农作物正处在生长阶段而未能收获,国家给予土地承包者或土地使用者的经济补偿。

从"村村通电话"到"乡乡通宽带"再到信息下乡活动,"村通工程"通过 10 年的建设实现了农村通信基础设施的跨越式发展,在城乡之间搭起了一座座"信息金桥"和"致富金桥",为居住在深山沟壑中的农民送去了"千里眼""顺风耳",受到地方政府和广大农民的热烈欢迎,被誉为促进农村经济发展的"扶贫工程"、实现农村现代化管理的"德政工程"和为民办实事的"民心工程"。2014 年 11 月,时任工信部部长苗圩在《人民论坛》杂志(第 461 期)发表署名文章《缩小城乡"数字鸿沟" 服务农村经济社会发展》,高度肯定了通信业的这项创举:农村通信"村村通工程"的成功实施,得益于各级领导和政府部门的大力支持,得益于机制创新,也得益于全通信业广大干部职工的艰苦奋斗和无私奉献。"村村通工程"的重要成果正加快转化为农业发展、农民增收的手段和能力,为传统农业生产和农村管理带来了全新的变革。

我国电话"村村通工程"以其独到的运作模式和巨大的成就,赢得了国际社会的广泛关注和高度评价,被联合国纳入了 2005 年全球"金书"内容,成为发展中国家尤其是东南亚诸国发展农村通信和信息化的一个典范。随着我国国际交流与合作的步伐不断加快,电话"村村通工程"逐步走向国际,其成功经验成为我国对外合作交流、展示形象的新亮点。

2006 年 2 月,中国移动在西班牙巴塞罗那举行的 3GSM 世界大会上播放了一个农村通信建设的电视短片。当与会者看到中国的通信建设者人抬肩扛,把一座座基站架在大山深处、把一根根光缆拉到偏远乡村时,现场爆发出长时间热烈的掌声。有些欧亚国家在多种场合就该工程与我国展开了广泛交流,在中国 – 东盟以及大湄公河次区域合作领域,电话"村村通工程"成为重要合作内容之一。国际电信联盟原秘书长哈马德·图埃博士曾先后到我国安徽、江苏等地的农村进行考察,对具有中国特色的农村通信和信息化发展模式给予了高度评价。

在纪念我国改革开放四十周年之际，工信部原副部长奚国华在接受《人民邮电》报记者采访时感慨道："回顾十多年的'村通工程'发展之路，'村通工程'和习近平总书记提出的扶贫攻坚战略实际上是一脉相承的，只是在当时还是一个萌芽罢了。"正是这株嫩芽，在后续十几年的时间里茁壮成长，成为新时代支撑扶贫攻坚战的一根顶梁柱。

2.2 电信普遍服务的中国路径

经过十年"村通工程"攻坚，一根根电话线打开了广大偏远地区的农民与外界对话的窗口。但是随着社会的不断发展，仅通电话已经不能满足农村发展的需要。2013年"宽带中国"战略发布之时，我国农村宽带人口普及率仅为6.3%，低于城市12.6个百分点，城乡"数字鸿沟"依然存在。

2013年8月，国务院印发《"宽带中国"战略及实施方案》，提出"完善电信普遍服务补偿机制，形成支持农村和中西部地区宽带发展的长效机制"。通信主管部门下定决心要为农村通宽带，让农民也能享受到数字时代的红利。彼时摆在他们面前最大的问题是：如何确立电信普遍服务机制？实施电信普遍服务的资金从何而来？

圆梦电信普遍服务补偿机制

"村通工程"创新性地提出了"分片包干"的方法，在实施过程中也得到各方认可，取得了显著成效。那么，电信普遍服务能否继续延用这个办法呢？

工信部首先进行了费用测算，若要完成"十三五"时期定下的电信普遍服务目标，需要近 800 亿元资金。不容忽视的是，三家基础电信企业面临着市场竞争赢利和国资委经营业绩考核指标的双重压力，由于对农村宽带建设缺乏投资激励，市场失灵现象严重。显然，继续实行"分片包干"制度，由企业全部承担这笔费用，是不现实的。

与 10 年前实行"村通工程"相比，2013 年，通信行业的发展环境发生了天翻地覆的变化。随着互联网的快速发展，基础电信企业的话音、短信业务被 OTT[④] 等互联网业务替代，赢利能力逐年下降，管道化趋势日趋加深，依托内部交叉补贴进一步向农村地区投资的能力大大削弱。而且，当时 4G 网络正处于大规模投资建设阶段，企业用于中西部地区宽带建设的投资缺口巨大。对部分偏远地区宽带建设成本测算的结果显示，这些地区的静态投资回收期超过 50 年。

怎样才能既有效调动企业积极性，又能很好地平衡资金投入问题？这是摆在通信主管部门面前的一道亟待解决的难题。

通过前期的调研论证，财政部和工信部达成了一个重要共识，即电信普遍服务属于公共政策，它所需要的财政支出属于公共财政支出。这与"分片包干"制度运用行政性手段明显区别开来，也意味着要尽快确定我国电信普遍服务新的实施制度。但具体是采用成立电信普遍服务基金的方式，还是采用财政补贴的方式来进行，相关部委用 2014 年一整年的时间进行了调研、论证，在最短时间内拿出了最可行的办法。

借鉴国外的经验，建立普遍服务基金是老生常谈的话题。早在 2008 年

---

④ OTT 即 Over The Top，即互联网公司越过运营商，发展基于开放互联网的各种视频及数据服务业务。

之前，信息产业部和财政部就进行过多番研究和探索，当时已进行到起草普遍服务基金管理办法的阶段。但是，一段时期内，国内基金泛滥现象严重，国务院对基金管理采取了"紧急刹车"，并且随着2008年的大部制改革，成立普遍服务基金的事宜又被搁置了。

如若借鉴国外的经验，是否可行呢？采取普遍服务基金模式的国家有美国和印度。经过对比，印度的国情与中国更相似，但是印度的普遍服务基金的使用情况并不理想，每年费用支出不到10%，效率低下。"通过测算，如果从2015年开始实施，到2020年只有5年的时间，按照这种效率是无法完成'十三五'规划提出的电信普遍服务目标的。"当时工信部通信发展司的领导内心焦急万分。

时间紧，任务重。通过2014年一年的反复论证，成立普遍服务基金的做法被彻底放弃，最终在当年年底敲定了采用财政补贴的方式进行电信普遍服务的大体思路。这种方式与成立普遍服务基金相比优势明显：我国财政补贴拨款需当年拨款当年使用，第二年进行验收，这有利于提高电信普遍服务的推进效率，保证按时甚至提前完成预定目标。

财政补贴要解决的首要问题就是补贴谁。如果是全国性补贴，大家当然都有积极性，但费用太高，国家负担起来有困难；如果采用先招标后补贴的方式，又会面临财政资金使用效率低、成本不透明的问题。既然不能采取全额补贴的方式，那财政补贴一部分，其他资金采取市场方式去获取，以此来激励企业，可不可行呢？

在广大农村实施电信普遍服务，从企业效益的角度考虑，自然地理条件好的地方受关注就多，偏远山区和条件较为恶劣的地方就容易被甩下。工信部通信发展司的同志们绞尽脑汁，创新性地提出采用电信普遍服务补偿机制的做法。"采用市场方式，但有一个底线，企业要在自己的盘子里'肥瘦搭配'进行建设，这样既可以调动企业积极性，又能解决成本信息不对称的问题，一举两得！"大家一致认为这是符合中国国情的可行办法。

问题接踵而来，全国那么多省（区、市），财政补贴程度是一视同仁，还是分地区差别补贴？这需要进行大量的测算工作。

第一步，获得财政部的支持。

2014年8月，工信部和财政部的主管领导到江西和黑龙江实地调研当地农村通宽带的现实状况，他们入老区、进山区、走平原……所到之处基本能够代表绝大部分中国农村的地形地貌。在了解了不同地形铺设光纤、架设基站的成本构成多有不同后，时任财政部经济建设司副司长王小龙感叹："原来农村通宽带有多种地理现实因素需要考虑，看来实施补偿机制很有必要！"我国农村分布广泛，所处地貌复杂多样，为了尽可能照顾到所有地区通宽带的资金需要，时任工信部副部长尚冰推动与财政部进行了多次沟通，最终决定把地域分成东部、中部、西部和特殊地区，分别确定财政补贴的比例。当年，工信部通信发展司向全国各地通信管理局发出调研函，要求它们测算本省（区、市）电信普遍服务所需成本，以形成整体预算。

2015年5月，国务院办公厅印发了《关于加快高速宽带网络建设推进网络提速降费的指导意见》，第十一条明确提出"结合无线电频率占用费统筹使用，发挥中央财政资金引导作用，持续支持农村及偏远地区宽带网络建设和运行维护，推进电信普遍服务工作"。这对于电信普遍服务补偿机制的建设具有标志性意义，从资金、实施部门到费用范围全部进行了定性，为日后电信普遍服务补偿机制的诞生埋下了重要的引子。

接下来，工信部和财政部落实国务院的有关决策部署，提出了落实完善电信普遍服务补偿机制的工作安排。

2015年10月14日，国务院常务会议正式审议了该项工作，指出"改革创新电信普遍服务补偿机制，支持农村及偏远地区宽带建设，是补上公共产品和服务'短板'、带动有效投资、促进城乡协同发展的重要举措"。

时任工信部部长苗圩高兴地说："电信普遍服务工作这么多年终于一锤定音了，这是一件功在当代、利在千秋的大好事！"

由此，我国的农村宽带建设翻开了崭新篇章。

全力推进第一批试点项目

电信普遍服务补偿机制本着"中央资金引导、地方协调支持、企业为主推进"的原则，中央政府平均补贴 30%，发挥地方政府积极性，提出对偏远和农村地区宽带投资的多元化资金来源和市场化运作的安排。这是我国电信普遍服务机制的一次重大政策突破。

2015 年 12 月，工信部办公厅、财政部办公厅研究制定了《2016 年度电信普遍服务试点申报指南》，正式启动电信普遍服务试点，我国的农村网络建设由"村村通电话"时代迈向"村村通宽带"时代。

结合我国农村宽带的发展需要，电信普遍服务试点制定了任务目标：2020 年以前推进未通宽带的行政村（以下简称未通村）或宽带接入能力不足 12 Mbit/s 的行政村（以下简称升级村）宽带建设发展。其中，2016 年，支持不超过 1.5 万个未通村、2.2 万个升级村宽带建设和运行。与此同时，试点对行政村的申请条件也进行了明确要求：一是行政村未通宽带，或已通宽带但接入能力低于 12 Mbit/s；二是行政村与邻近光节点距离在 20 公里以内。

"第一批试点的财政补贴拨款要赶在 2015 年财政拨款期限之前完成，可是距离结账日只有一个多月了，加紧准备材料，要一气呵成。"工信部通信发展司司长闻库在与财政部相关负责人沟通后,给司里的同志们打气。连续多个夜晚,工信部的办公室都灯火通明。2015年年底的一天晚上,在工信部和财政部两部委的紧密配合下,最终赶在当年财政拨款期限之前把第一批电信普遍服务试点财政补偿资金下发到位,为来年首批电信普遍服务试点的开建赢得了先机。

2016年1月,试点工作启动不到一个月的时间里,首批电信普遍服务试点地市的公示名单正式发布,全国97个地市(包括地级市、州、盟、地区,直辖市下辖区县以及省直管县等)入选。当时,补偿机制对通信行业来说是件新鲜事,不少地方对于这一创新举措还有些不理解。2016年年初,工信部领导明确,要首先解决全国通信行业对公共财政的认识问题,统一思想,让大家从根本上认清为何要实行补偿机制,以及如何进行招投标推进试点建设。

2016年3月,工信部召开电信普遍服务试点动员暨宣贯会,要求各地通信管理局切实履行组织、协调、监督、检查等行业管理职责,严格规范招标投标、验收考核、监督检查等关键环节的工作程序,切实加强对项目实施的过程监管,确保试点工作有序进行,早日实现我国城乡宽带全覆盖的目标。

2016年7月4日,2016年度电信普遍服务试点工作启动会在宁夏中卫市召开,宁夏宣布率先启动电信普遍服务试点工作。随后,山西、江苏、黑龙江、重庆、贵州等首批电信普遍服务试点省份也相继与承担试点项目建设的企业签订合同。首批电信普遍服务试点六省市对10 475个行政村进行了光纤到村建设及光纤化升级改造,六省市均成立了政府协调小组,在征地、赔补、资金等方面明确了政策保障措施。同时,基础电信企业也积极投资、推进建设,六省市的中标企业总投资超过20亿元。实践证明,补偿机制有别于"分片包干",不但解决了成本信息不对称的问题,还解决了资金管理风险的问题。经过一年的试点建设,2017年1月,工信部在宁夏吴忠市召开全国电信普遍服务试点工作现场交流会,总结前两批电信普遍服务试点工作的经验,在全国营造"比学赶超"的氛围。其中,宁夏在全国的电信普遍服务试点工作中实现了当年招投标、当年完成任务,给全国通信行业树立了标杆,也验证了电信普遍服务补偿机制的可行性。

攻克西藏电信普遍服务的"硬骨头"

眼看着电信普遍服务试点建设如火如荼地开展起来,西藏地区的电信普遍服务工作却停滞不前。由于西藏地理条件特殊,基站建设、运维等成本都高于其他省(区、市),加之地广人稀,西藏的电信普遍服务存在特殊性,即使不实施电信普遍服务,三家电信运营企业也是处于净亏损状态。虽然财政给了最大支持,但即便按照电信普遍服务补偿机制,公共财政给予最高35%的补贴,对西藏地区试点的建设费用来说也是杯水车薪。

2016年4月,时任西藏自治区副主席格桑次仁来到工信部拜访时任工信部副部长陈肇雄,"西藏也需要通宽带,需要借助网络高速路来发展自己,希望工信部能够给予西藏地区电信普遍服务一些倾斜性的政策支持"。格桑次仁真挚的话语触动了陈肇雄,他当即表态坚决落实中央第六次西藏工作座谈会精神,加大对西藏的电信普遍服务投资力度,解决西藏的电信普遍服务问题。

工信部与三家电信运营企业集团总部进行了多次沟通,要求其在对西藏公司的考核方面进行有条件的政策倾斜。三家电信运营企业也有自己的苦衷,加大对西藏的投资力度理论上是可行的,但这涉及国有资产保值增值是否合理的问题，因此集团总部也面临着决策的责任风险。为了让三家企业更放心地对西藏进行考核倾斜，工信部将投资倾斜相关文件抄送给了国资委，希望国资委在对三大企业的考核当中就西藏地区的投资进行特殊考虑。2017年8月，时任工信部部长苗圩在提速降费政策协调保障部长级会议上，争取到了时任国资委主任肖亚庆（2020年8月起任工信部部长）的支持。当年，国资委对三大电信运营企业西藏地区分公司给予了考核扣除的支持，给企业松了绑。

2017年9月，闻库带领三家电信运营企业投资部门负责人来到西藏昌都市实地调研。一行驱车前往八宿县拉根乡多日多龙村，这个村子在海拔4700米的山上，离最近的公路有3小时车程。车子沿着山路盘旋而上，整条路狭窄到只能容下一辆车行进，车身一面紧贴山脊，而另一面就是悬崖峭壁，车里的人心都提到了嗓子眼。

多日多龙村村委会的房子有些破旧，招牌也油漆斑驳。与之形成鲜明对比的是旁边崭新锃亮的光纤分线盒，上面印着"国家电信普遍服务工程"几个大字。村干部告诉闻库，村子还没通电，小机房是通过发电机自己供电的。"发电机一天能供4小时的电，我们白天省一点电，这样晚上发电机就可以给小机房光缆通电，手机就能上网了！"村干部的话让在场的人无一不动容。

多日多龙村刚刚接通宽带，村民和驻村干部都跑来表达感谢之情，"在这山顶上，我们从没指望能看视频、聊微信，感谢政府，是电信普遍服务让我们能使用上网络，可以跟家里人视频，方便多了，也安心多了"。

回程的路上，调研组的同志们都很沉默，回忆着在多日多龙村的所见所闻，脑海中浮现出村民们朴实的笑脸和当地群众对网络的渴望。回到昌都市，三家电信运营企业的投资负责人二话不说就签署了投资协议，西藏的电信普遍服务工作就此走上正轨。

解决了西藏的难题后,全国电信普遍服务试点工作全面铺开。

截至 2019 年年底,全国电信普遍服务试点项目已开展五批,从行政村通宽带、通光纤、4G 网络覆盖到网络扶贫,电信普遍服务试点的目标逐渐深化。为了给农村及偏远地区特别是贫困地区群众提供用得上、用得起、用得好的信息服务,信息通信人一直努力奋斗着。

2.3　98%,创造世界奇迹

"中国行政村光纤和 4G 网络通达比例均超过 98%。"2019 年 8 月 1 日,在工信部、国际电信联盟、甘肃省人民政府共同在甘肃敦煌举办的电信普遍服务与网络扶贫研讨会上,工信部宣布了这一令世界瞩目的消息,这意味着电信普遍服务提前完成信息产业"十三五"规划目标,我国广大农村的网络覆盖率达到全球领先水平,即便是在西藏雪山和三沙海岛这样极为偏远的地区,村民们也可以享受到和城市同等水平的高速光纤宽带和 4G 网络,体验视频聊天、网上购物、远程教学、远程医疗等丰富多彩的应用。

▎从 70% 跃升至 96%,提前完成"十三五"目标

从 2015 年 12 月发布《2016 年度电信普遍服务试点申报指南》,到 2016 年 1 月第一批试点名单公布、6 月第二批试点名单公布,在信息通信行业的共同努力下,电信普遍服务试点工作紧锣密鼓地展开,并且在各地形成了"比学赶帮"的氛围。

2016年8月，试点工作进一步提速，第二批试点中的22个省（区、市）的项目招标工作有序展开。在没有历史经验可循的情况下，各地通信管理局组织电信运营企业"摸着石头过河"，不等不靠，扎扎实实推进试点地市申报、项目招标、招标结果公示、项目合同签订、工程启动建设等一系列复杂而细致的工作。

除了加快进度，如何合理使用中央财政补贴资金也成为各地信息通信行业深入思考的问题。统计数据显示，第一批和第二批试点的中央财政补贴资金共计87亿元，让这些资金用在"刀刃上"，不仅是对国家财政资金负责，更是对迫切需要使用宽带网络的广大农民负责。

各地通信行业结合本地特点，展开了诸多的创新。比如，许多地方通信管理局组织电信运营企业提前对全省（区、市）农村宽带发展情况进行了系统翔实的摸底与调查，为后续工作的开展打下了基础，提供了便利；在实际操作过程中，为了保证招投标公平公正，并尽可能地节约补贴资金，一些通信管理局采取了制作"标段"的招投标方式，把施工难度大小和投资回报率不同的几个"标的"捆绑打包在一起进行招标，做到"肥瘦"搭配，保证每个标段之间基本均衡。更值得肯定的是，有些通信管理局紧扣国家精准扶贫战略，将电信普遍服务试点工作与当地脱贫攻坚工作有机结合起来，取得了事半功倍的效果。

作为电信普遍服务试点工作的实施主体，电信运营企业承担着网络建设、运行维护等重要职责。随着试点工作的推进，电信运营企业也逐渐加大资金投入，加快农村宽带网络建设。统计数据显示，2016年组织实施的两批电信普遍服务试点工作带动电信运营企业的投资超过300亿元，支持全国27个省（区、市）的10万个行政村开展网络光纤到村建设和升级改造，其中包括3.1万个建档立卡贫困村。在投入大量人力、物力的同时，全国多地的电信运营企业更是积极创新，尝试将试点与扶贫工作充分结合，推进"互联网＋"扶贫的落地，催生了包括智慧乡村、农村电商、智慧家庭、爱心公益、扶贫云服务、医疗救治、申领资金补助等的一系列应用，为当地打赢脱贫攻坚战提供了坚实有力的支撑。

在"提速降费"惠民政策的指导下，我国电信运营企业在加快农村宽带网络建设的同时，持续降低宽带资费，为更多人提供普惠服务。2016年，我国电信运营企业大幅降低试点地区宽带接入资费，试点地区资费水平较非试点地区低50%左右，让农村用户不仅能够"用得上"宽带，而且可以"用得起""用得满意"。

正是在全行业乃至全社会的共同努力下，2016年电信普遍服务试点工作取得了显著成果。统计数据显示，2016年我国行政村通宽带建设任务超过"十二五"时期任务的总和。截至2016年年底，我国农村网络光纤接入端口占比达到82.2%，同比提升19个百分点；贫困村宽带覆盖率超过80%；农村中小学和卫生所等公益机构实现FTTH[5]覆盖。

2017年，第一批和第二批电信普遍服务试点工作进入收尾阶段，第三批试点工作正式启动。5月，工信部公布了2017年度电信普遍服务试点地市名单，140个地市（包括地级市、州、盟、地区，直辖市下辖区县以及省直管县等）榜上有名。试点城市数量的增加，意味着我国电信普遍服务工作正进一步走向深入。根据工信部当年年初披露的目标，2017年在对前两期10万个行政村宽带网络建设实现竣工验收的基础上，再推进3万个以上的行政村开展宽带网络建设。

与此同时，工信部也在不断总结经验，加强试点的巡查工作。2017年9月至10月，工信部组织了覆盖全国所有27个试点省份的普遍服务工作

---

[5] FTTH即Fiber To The Home，光纤到户。

检查。针对电信普遍服务资金管理中可能出现的违规问题，财政部和工信部发布了《电信普遍服务补助资金管理试点办法》，对招标、设计施工等环节的违规处理进行了明确规定，并组织相关部门对已竣工的行政村进行检查，确保资金用在实处。

2018年7月6日，工信部召开2018年全国电信普遍服务工作电视电话会议。会议披露了一组激动人心的数据：截至当年6月，我国贫困村通宽带的比例超过94%，已提前实现国家"十三五"规划纲要提出的宽带网络覆盖90%以上贫困村的目标。

而在电信普遍服务试点工作启动之前，我国行政村通光纤的比例还不到70%。随着前三批试点工作的圆满结束，我国农村及偏远地区网络基础设施落后的面貌已经得到整体性改变，全国行政村通光纤的比例达到96%。这一比例从70%跃升至96%，标志着我国农村宽带水平得到了大幅提升，迈入全球前列，而背后的投入也充分体现了我国的体制优势。统计显示，我国仅三批试点中央财政补助带动基础电信企业投资就累计达400多亿元，支持27个省份的13万个行政村实施宽带网络建设和升级改造，其中包括4.3万个贫困村。

| 98% 行政村通光纤和 4G，城市农村"同网同速"

"全力推动普遍服务试点工作向纵深发展。"在2018年10月12日电信普遍服务试点工作推进电视电话会议上，工信部发出了这一倡议。继前三批试点工作取得阶段性胜利后，电信普遍服务试点工作向第四批推进，工作难度也明显增加。

绝大多数的行政村都已经通了光纤、用上了4G网络，剩下的尚未通光纤的行政村可以说都是难啃的"硬骨头"。被纳入第四批试点的行政村大多在西部偏远地区和连片特困地区，自然环境复杂，施工难度大，建设成本高，有的村甚至没有通电、通路，或处于自然灾害多发地带。对电信运营企业而言，不仅投资成本难以收回，就算咬牙"贴钱"建设，基本的施工条件也得不到保障。

"硬骨头"再难啃，也要啃下来！

为了加快推进深度贫困地区的光纤宽带网络建设和4G网络覆盖，2018年6月，工信部印发《关于推进网络扶贫的实施方案（2018—2020年）》；2019年4月，国家发展改革委、工信部等四部委联合印发《2019年网络扶贫工作要点》，部署了7个方面25项重点任务，为电信普遍服务试点工作向纵深推进提供了具体指导。

2019年4月，工信部办公厅、财政部办公厅联合印发《2019年度电信普遍服务试点申报指南》，明确要求，2019年试点工作要加快偏远和边疆地区4G网络覆盖，到2020年实现全国行政村4G网络覆盖率超过98%，边疆地区4G网络覆盖率显著提升，为全面建成小康社会提供坚实支撑；还要求2019年支持建设4G基站约2万个。

虽然建设难度不断增加、成本压力日益凸显，但是电信运营企业没有退缩，而是勇于担当，积极履行央企社会责任。随着第四批、第五批试点工作的推进，电信运营企业进一步加大投入，尤其是在"三区三州"地区。根据测算，在"三区三州"地区，受经济欠发达以及施工难度较大等因素的影响，每个行政村通光纤宽带的平均造价是东、中部地区的4倍，每个4G基站的平均造价是东、中部地区的3.3倍。在"三区三州"部分偏远地区，这一差距甚至可以达到10倍。

统计显示，2013年以来，中国电信累计在农村地区投资电信基础设施超过 1000 亿元，截至 2019 年 9 月，实现了 4G 网络全国 100% 的乡镇覆盖，光纤宽带全国 90% 的乡镇覆盖，91% 以上的行政村通宽带。中国移动形成了基于"1+3+X"体系框架的"网络+"扶贫模式，2004 年以来累计投入资金超过 550 亿元，大力开展村村通工程和电信普遍服务试点项目，实现了 12.2 万个自然村通电话、8 万多个行政村通宽带，全国行政村 4G 覆盖率超过 98%，建档立卡贫困村宽带覆盖率超过 97%。多年来，中国联通全力支撑普遍服务，提速乡村网络覆盖建设。截至 2019 年年底，中国联通已对全国超 9 万个乡镇实现网络 100% 覆盖，行政村覆盖总量已超 46 万个。

在国家政策的有力推动下，经过基础电信企业持续的投入和不懈的努力，我国农村宽带网络水平得到大幅提升。2019 年 8 月 1 日，在甘肃敦煌召开的电信普遍服务与网络扶贫研讨会上，在来自全球嘉宾的见证下，工信部发布了一组令人震撼的数据——我国行政村通光纤和通 4G 比例均超过 98%，试点地区平均下载速率超过 70 Mbit/s，基本实现了农村城市"同网同速"。

借助五批电信普遍服务试点工作的推进，绝大多数的农村已经享受到了和城市"无差别"的宽带服务，而且随着近年来我国将电信普遍服务融入网络扶贫中，广大农民不仅享受到了实实在在的资费优惠，宽带网络在脱贫攻坚中的基础性支撑作用也开始凸显，有效带动电子商务、电子政务、远程教育、远程医疗等应用在农村落地生根、开花结果，显著改善了农村的生产生活条件。

在前五批电信普遍服务试点工作顺利推进的基础上，工信部快马加鞭，进一步实现了农村及偏远地区网络的深度覆盖。一方面扩大支持范围，推进有需求的农村 20 户以上人口聚居区 4G 网络覆盖，积极研究国道、省道等道路沿线，以及旅游景区、水库等重点区域的 4G 网络覆盖；另一方面扩展技术方式，鼓励因地制宜，采用光纤、4G、卫星、微波等技术手段，实现偏远地区的网络覆盖。

2020年是我国全面打赢脱贫攻坚战收官之年。作为脱贫攻坚的关键支撑，网络扶贫也进入了攻坚期。3月，工信部启动第六批电信普遍服务试点工作，吹响了光纤宽带和4G网络加速向"三区三州"等偏远农村地区延伸的号角。5月，四川传来振奋人心的消息：四川信息通信业圆满完成通信专项扶贫任务，实现全省所有行政村100%通光纤、100%通4G网络的"双百"目标。对四川信息通信行业而言，实现这一目标着实不易，要在自然环境恶劣、地理位置极为偏远的深度贫困地区完成光纤和4G网络全覆盖，需要强大的信心和毅力。

新冠肺炎疫情发生后，正是凭借这种在困境中"逆行"的勇气和担当，我国广大通信建设者们持续奋战在地势险峻、人迹罕至的崇山峻岭、戈壁大漠，扫除了一个又一个未通宽带的"死角"。当一个个曾经与世隔绝的偏远村落用上宽带网络、通了4G信号，搭上信息时代的快车、同享信息文明的红利时，我国的脱贫攻坚必将建立在更加坚实的基础上，全面建成小康社会也将有更加鲜明的时代特色。

2015年以来开展的六批电信普遍服务试点，共部署了13万个行政村光纤网络和5万个4G基站建设任务，实现全国行政村通光纤、通4G比例均超过了98%，并有望进一步提升至99%以上。电信普遍服务1/3以上的建设任务部署在贫困地区，贫困村通宽带比例从不足70%提升到98%，提前超额完成《"十三五"脱贫攻坚规划》提出的"宽带网络覆盖90%以上贫困村"目标。在"三区三州"深度贫困地区，也已经同步实现贫困村通光纤、通4G比例超过98%，与全国其他地区达到同一水平，特别是通光纤比例较试点前提升70多个百分点，有力支撑了农村发展和脱贫攻坚。

第三章
网络跨越千山万水

在"悬崖村"的"垂直天梯"上,他们咬紧牙关,4公里山路徒步走了5小时,3根钢管20人抬了7天;在汹涌奔腾的独龙江畔,他们溜索过江,冒着生命危险把通信设备一点一点运送到大山深处;在蚊虫肆虐的川西密林里,他们翻山越岭,迎着连续不断的泥石流险情将通信网络铺设进彝族山寨;在高寒缺氧的"世界屋脊"上,他们迎风踏雪,挑战生命极限建成"信息天路";在险象环生的广袤南海中,他们乘风破浪,在高温、高湿、高盐、高辐射、高腐蚀的环境下让通信信号穿越万里海疆……

他们是兢兢业业的平凡通信人,他们是心怀家国的伟大建设者。

在电信普遍服务网络建设中,他们爬雪山、过沼泽、穿林海、涉激流、跃深涧、攀藤索,以高度的责任感和使命感攻克了一个又一个难题,创造了一个又一个奇迹,用高速高质的网络联通了神州大地的每一个角落,让贫困群众搭上了脱贫致富的信息快车。

3.1 打通"悬崖村"信息高速路

四川凉山彝族自治州的"悬崖村"是习近平总书记十分牵挂的一个村子。2017年3月8日，习近平在参加第十二届全国人民代表大会第五次会议四川代表团的审议时特别提到了"悬崖村"，他说看着村民们的出行状态，感到很揪心。这究竟是怎样的一个村子，出行如此让人揪心？这里的通信状况又是怎样的？

四川省凉山彝族自治州昭觉县支尔莫乡阿土列尔村曾经是一个被时代远远抛在后面的村落，全村500人居住在海拔1400～1600米的山坳中，和外界的联系就是一条近800米高、沿悬崖峭壁几乎垂直上下的山路，年轻人上下一趟需要4小时，因此该村被称为"悬崖村"。"悬崖天梯"异常陡峭，有七八个人曾因此摔死，而摔伤事故更是时有发生。

2016年11月，政府对"悬崖村"的藤梯进行了改造，建设了铁梯，村民的出行问题得以改善。同期，村里的通信状况也发生了翻天覆地的变化。以前，"悬崖村"没有通信基站，村民们全靠山下发射的微弱信号接收手机短信和打电话。但是这一情况自2016年后彻底成了历史。

中国电信、中国移动、中国联通、中国铁塔等几家电信运营企业先后展开了"悬崖村"网络建设工程。在险峻的悬崖山路上，中国通信人肩挑背扛，将大量通信设备运上山，克服重重困难，甚至冒着生命危险奋力施工……2016年12月底，中国电信率先实现了"悬崖村"电信网络和业务的全面开通，将几乎"与世隔绝"的村民们带入了信息时代。

|"垂直天梯"挡不住通信人

2016年,中国电信将"悬崖村"网络建设和定点扶贫工程作为重点工作来实施。

"悬崖村"通信建设工程的难度超乎想象,所有工程物资都要靠人力从山下背上去,上山的路险峻异常,稍不留神就可能摔下山崖。中国电信组织建设施工队伍,冒着生命危险,为险峻的彝族山村架起了与外界沟通的信息高速路。

"我们一路上山,汗水打湿了衣服,湿了又干,干了又湿。人走在铁梯上,脚下就是深渊;没有铁梯的悬崖上更是危险;最陡峭的地方,人要趴在山脊上,犹如一只壁虎,匍匐着上下。上山的路上,哪怕有一棵小小的荆棘抓在手里,也会感到稍微有点安全感。经历了'悬崖村',才深刻地体会到什么叫'救命的稻草'!"参与建设的通信人虽心有余悸,却一直在坚持和坚守。

"只要能解决'悬崖村'的通信问题,一切都值了!"一线通信建设者怀着这个最朴素的信念,赶在2017年春节前夕在这里开通了通信网络服务。以前,"悬崖村"里没有通信基站,村民要"满山找信号"。而现在,因为电信运营企业架设了"信息天路",村民们也能装上百兆光纤宽带,看上4K超高清网络电视,用上4G手机,享受到视频通话等丰富的服务。

"悬崖村"由特土社、勒尔社、牛觉社、古曲洛社4个社组成。2017年6月23日,"悬崖村"通信铁塔在历时36天后在特土社建成,4个社实现了通信信号无缝覆盖。至此,"悬崖村"的通信服务再上一个新台阶。

"悬崖村"村民和通信网络建设者一起庆祝宽带网络开通

彝族村民特意穿上鲜艳的服装,载歌载舞进行庆祝,为通信工程建设的勇士们敬酒。43岁的特土社社长吉克曲日,一个从没走出过大凉山的彝族汉子,端上一碗酒对中国铁塔施工队深鞠一躬,随即一饮而尽,他激动得连说了三次"卡莎莎"①。"我们这里四面环山,悬崖峭壁,没有马路,用不了手机,以前村里娃儿出去打工,带女朋友回来,因为电话都打不通,直接把姑娘吓跑了。你们不怕辛苦,不怕危险,为我们架起了铁塔,今后我们再也不用为了打个电话跑几座山,再不会把娃儿们的对象吓跑了。想想今后的日子,我们睡着了做梦都在笑呢!"

在吉克曲日身后矗立着一座10多米高的抱杆式通信塔。正是这座通信塔给"悬崖村"村民带来了新生活的希望。而为了建成这座塔,铁塔建设者足足用了36天,每天的故事都令人动容。

---

① 在彝语中,意思是"谢谢"。

4公里山路走了5小时，3根钢管20人抬了7天

2017年6月22日，"悬崖村"通信铁塔建成前一天，上午8时，凉山铁塔公司的建设人员和四川景云祥通信股份公司的施工队从昭觉县城出发，驱车前往"悬崖村"。施工队还有一些建设用的物料需要搬上山，以进行最后的收官工作。

两个多小时后，一行人抵达山脚。"去年政府部门依着山体新修了铁梯路，连续阶梯最长的达105级，总共9900多级。"凉山铁塔建维部经理张涛指着不远处的一个山头说，"为了解决'悬崖村'的信号覆盖问题，去年11月，我们帮助运营商，在沙马普尔村水平方向相距2000米的山头上建设了一座25米的三管塔。由于距离较远，这个基站难以做到信号全覆盖，因此今年运营商和我们响应国家扶贫攻坚的号召，在特土社进行基站铁塔建设。从5月19日开始土建，之后在雨季中施工，断断续续的，目前进入最后的收官阶段。"

施工队一行休息片刻，便背上面包、馒头、水煮土豆等干粮和水，还有几十斤重的建材，往山上挺进。有铁梯的路坡度在60度以上，需要绕路，距离更远，且容易打滑，不适合背负建材行进，于是他们选择从一条较为隐秘的羊肠小道向上爬。

大家弓着背，小心翼翼地踩实步子向上爬，约走了20分钟就开始喘粗气，一小时后已是汗流浃背，有的人汗水开始从衣服的边缘滴落。再行进1公里后，大伙儿的面前出现一片乱石堆。铁塔员工此前曾数次勘查现场经过此处，遇到有人摔得骨折，也有铁塔施工人员在此处摔伤。翻过乱石堆，在一个往上爬的转角处，巨石上的空间只能容一个人通过，往下看就是几百米深的悬崖。在这个空间狭小、坡度非常陡峭的转弯处，要把1.8米×1.2米的机

柜板材搬运上去，真让人颇费脑筋。施工队停下来，分成两组，一组先爬上去用绳子绑好板材的一头往上拉，另一组踩稳石头托住板材向上推送。所有物料都被搬上峭壁之后，大家早已气喘吁吁。稍作休息，馒头、面包就着水吃，这就算是午餐了。为了减负，一行人不敢多带水，只能忍着干渴小口小口地喝。

施工队员称，这些物料算是很好搬运的了，之前的水泥和钢管重得很，一袋水泥 50 公斤，一根钢管约 200 公斤。施工队与村民共 20 个人，分成 3 组，抬着钢管上山，每天只能行进几百米，休息的时候或天黑了就用绳子把钢管固定住，到第二天再继续搬运。大家足足抬了一周的时间，每个人的肩头都红肿得厉害，有的人肩头磨破了也一直咬牙坚持。铁塔建设所用的整整 20 吨物料，都是靠手抬肩扛搬上去的。人们都感慨："说在'悬崖村'建铁塔比登天还难，一点儿都不为过。"

通信建设者手抬肩扛运送基站建设物资

再前行两公里,道路更为陡峭,坡度超过70度,一行人全身都是汗水,不少人的手被树枝划出了血道子。有些人体能到了极限,双腿沉重。大家像船工一样喊着号子,互相鼓劲,一步一挪地接近"悬崖村"。在临近进村的地方,立在前方的崖壁几乎垂直于地面,约有200多米高。大一些、长一些的物料无法通过背负往上运送,只能让几个人爬上去,用绳子绑住物料,喊着口号协力往上拉,"一、二、一、二……",口号声响彻整个山谷。历经5小时18分钟终于登顶,大家都瘫坐在地,双腿颤抖得厉害。

7条汉子席地而睡,冲刺10天

整个"悬崖村"一共72户人家,特土社有20户。

55岁的村民吉克达莫有7个孩子,最小的两个,一个11岁,1个13岁,都在山下上学。"山路很危险,过去村民进出'悬崖村'只能爬藤梯,曾经摔死过七八个人。你们爬到山上来给我们建基站很不容易,很了不起。"吉克达莫朝铁塔施工队竖起大拇指,"以前手机信号差,遇到谁家婚丧嫁娶,打个电话都要拿着手机跑半小时到另一个山头找信号,孩子们下山去上学,没个音讯真让人不放心。2017年11月,对面山头建了基站,我也有了手机,孩子到了学校就可以报个平安了。"

21岁的彝族姑娘吉克阿果的哥哥姐姐都外出打工了,弟弟们还在上学,平日只剩下她照顾年迈的父亲。她说,有时自己背着农作物去山下卖,实在放心不下父亲,现在有了手机,有了网络,可以很方便地和家人联系。

特土社社长吉克曲日说:"我们这里主要种植花椒、核桃、玉米等农作物。以前农作物丰收时，村里人就背着到离山脚几公里远的莫红小集镇交易。一些收购商知道我们是'悬崖村'的，断定我们不会把东西再背回山上，就故意压低价格。以后我们也试试通过手机和网络销售，联系好卖家和价格再背下去，应该能卖个更好的价钱。"他还说，从村里第一个人知道手机这个新玩意儿开始，大家盼着修座基站已经盼了10年。

吉克曲日社长家是一座由黄泥砖和瓦片盖成的老房子，两间房有10多平方米，一个老式的带烟囱的锅台，一张床，屋顶的瓦片久未翻修，不少缝口透着光，地上是施工人员睡觉时用的油毡布和睡袋。雨季时，山上非常潮湿，整个房间散发着霉味。在大凉山从事了20年通信工程建设的铁塔公司区域经理黄基佐说："山上有狼，不能在户外搭帐篷住，只能借宿。由于来回一趟要花七八个小时，在工程建设最后的关键时期，我们的施工人员就一直住在山上，已经有10天了。"由于只有一张床，施工队员睡觉多是打地铺，地面潮湿，就垫上油毡布。"前几天晚上雨很大，从屋顶漏进来，有的兄弟晚上索性把油毡布卷起来睡觉，这样雨水就打不到身上了。不过晚上睡觉还会有老鼠爬到身上来，有跳蚤会钻到衣服里。"

参与建设的中国铁塔相关人员坦言，"悬崖村"建基站，铁塔公司的投资非常大，总体建设成本达七八十万元，光搬运费都得二三十万元，差不多相当于平原地区一座塔的建设成本了，纯粹是民生工程。为了让乡亲们早日享受到移动通信的福利，再苦再累再险他们也会往前冲。这些朴实的话语背后，是中国通信人对于"悬崖村"通信福祉的牵挂和担当。

信息天路开启"悬崖村"新生活

网络通了还不够,电信运营企业纷纷给予"悬崖村"信息服务和技术支持,让这座大山深处的古村落真正走进了信息时代。如今,聊微信、上QQ、玩游戏、视频聊天、追网络剧,对"悬崖村"村民来讲再也不是稀罕事儿。"悬崖村"的通信和信息化水平已达到城市的先进水平。

网络通了之后,中国电信向"悬崖村"村民免费赠送了手机、光猫、机顶盒,并免费安装、调测、开通,每月费用全免。中国电信还为"悬崖村"小学和幼教点建设了两处"爱心小屋",在山下上学的孩子课余时间可以通过IPTV"想家"视频和住在山上的父母通话。中国电信免费建设的"校校通""班班通"网络、电子阅览室和校园云,也为"悬崖村"师生提供了现代化的教育公共服务平台。借助智慧教育,"悬崖村"的孩子们可以享受到与大城市一样的优质教学资源。

中国电信在"悬崖村"的幼教点

吉武尔洛是西昌人，从西昌学院毕业后，义无反顾地到"悬崖村"当了一名幼教老师。"第一次上'悬崖村'，用了6小时，腿脚发抖，不敢往下看，只能硬着头皮一直往上爬。以前没有信号的时候，电话打不通，联系不上家里，为了打电话，要走10分钟到另外一个山头找信号。现在，随时可以通过手机与外面的亲朋好友联络，还可以视频聊天，缓解山上生活的寂寞。"

有了网络，以前无人问津的悬崖蜂蜜，如今成了供不应求的抢手货。陈古吉是"悬崖村"的村民，他在悬崖岩边培育了27个悬崖蜂巢，这些蜂巢平均年产400斤蜂蜜。陈古吉将蜂蜜放在网上进行宣传后，订购的人越来越多。如今的"悬崖村"正在发展旅游经济，这也给村民们带来了新的资源和机遇。陈古吉感到非常高兴，他希望能再多养一些蜜蜂，以后通过网络销售渠道，多增加一些收入。

家家户户通宽带，4G信号全覆盖，在这样崭新的生活中，村里的"网红主播"某色苏不惹出名了，他每天攀爬在新修的悬崖"天梯"上，为粉丝们直播自己的家乡，收获了数万名粉丝。通过直播，他每个月增加了1000元左右的收入。要知道，原来他家里4个劳动力加起来，一年的收入也不过8000元。

在"悬崖村"上及山脚下，中国移动依托宽带进村，实现了网络全覆盖，设立了两个4G宽带电视综合服务站。在该服务站不仅能购买手机、交费办卡，还能办理4G、宽带等业务。此外，服务站还通过"和小宝"电商平台，帮助"悬崖村"村民销售本地农土特产。据该服务站负责人莫色里布介绍，"悬崖村"的主要特产以前因为路不畅通、信息闭塞等原因销售困难，现在有了网络，还有了就在家边上的服务站，销售难的情况得到很大改善。服务站通过挨家挨户地一对一服务，利用信息化帮助村里人打开了销售农土特产的渠道。"村里的土特产深受外地人喜欢，特别是蜂蜜，一斤可以卖到上百元。"

中国移动的建设者搬运宽带传输光缆上"悬崖村"

而在"悬崖村"村口，一处民居的窗台前经常聚集着不少村民，这是中国移动和中国农业银行凉山分行共同打造的"金穗惠农通助农取款服务点"。在这里，农村金融"最后一公里"被打通了，"悬崖村"的村民们可以享受便捷的存取款、余额查询、转账挂失以及生活缴费等金融服务。以前因离县城远，缴话费、取惠农补贴款、充电费，来回要好几个小时。现在山上山下各有一个惠农通网点，原来要跑好几个地方才能办好的几件事可以在这里一起办了，而且就在家门口，方便得很。

中国通信业打通"悬崖村"的"信息天路",已经成为网络扶贫的经典案例。其中中国电信的相关事迹入选中宣部等国家四部委联合举办的"砥砺奋进的五年"大型成就展。不过,"悬崖村"仅仅是中国通信业助力精准扶贫、精准脱贫的一个小小的缩影。在中国通信业的扶贫路上,还有很多"悬崖村"正在悄然发生着可喜的变化。

飞跃独龙江"太古秘境"

2015年1月,习近平总书记到云南考察,亲切会见了怒江州贡山独龙族怒族自治县的干部群众代表,再三强调全面实现小康,一个民族都不能少!

2019年2月,乡亲们委托贡山县独龙江乡党委给总书记写信,报告了独龙族已经在2018年实现整族脱贫的喜讯。2019年4月10日,习近平总书记给乡亲们回信,表示得知乡亲们日子越过越好,他非常高兴!从总书记的殷殷关切到乡亲们的幸福洋溢,独龙族群众跨越千年的脱贫梦实现了!

史称"太古之民"的独龙族是我国28个人口较少民族之一,也是新中国成立初期从原始社会直接过渡到社会主义社会的少数民族之一。全国仅7000余人的独龙族,有4000多人聚居在独龙江大峡谷中。这里高黎贡山与担当力卡山并肩耸立,独龙江奔腾向南,与高山峡谷形成"两山夹一江"的景象。千百年来,独龙族居于深山峡谷,这里一年之中有半年时间大雪封山。受制于此,当地一直是云南乃至全国最贫穷的地区之一,是"三区三州"扶贫攻坚的重点难点地区。

"要想富，先修路"，畅通的道路保证人流、物流、信息流、资金流的运转，修好"路"是独龙族群众梦寐以求的事情。2014 年，高黎贡山独龙江公路隧道贯通，当地百姓结束了一遇恶劣天气便交通堵塞的封闭窘境。同一年，中国移动在独龙江乡开通云南首个乡镇 4G 基站，高速信息之路就此打通，当地百姓迎来了全面拥抱世界的开放局面。

"真想不到，现在 3 天之内足不出村，零成本就拿到了生育服务证。如果在以前，必须到乡政府办理，来回车费 100 元，还有午饭的费用，如果遇上办事人员出差下乡，成本就更高了，现在通过网络平台办理，真的很方便。"刚领到生育服务证的独龙江乡马库村村民江志军夫妇高兴地说，"4G 网络通了，依托于 4G 的'互联网+为民服务'也开通了，这让很多以前想都不敢想的事儿突然就成了现实！"

让人想不到的还有通信建设者们为独龙江百姓网络扶贫而经历的卓绝艰辛、付出的巨大努力。多年来，通信人不畏艰险，跨过高山，飞跃天堑，在独龙江上架起"信息桥"，给当地老百姓的信息生活带来了翻天覆地的变化。

一部鲜活的通信发展史

20 世纪 80 年代，当我国绝大多数城市居民开始享受程控电话、无线寻呼等现代通信带来的便利时，独龙江乡还处于"通信基本靠吼"的原始状态。

过去，独龙江乡召开重要会议，都要提前 10 天安排数人分头行动，走村串寨通知每家每户，20 户村民 106 人分居在不同的山头上，开会"通知难"可想而知。为了解决这一难题,时任独龙江乡副乡长的高德荣发明了"放炮传信"的方式,各村委会在制高点用配发的雷管和炸药"放炮",重要会议、紧急会议放两炮,一般会议放一炮。

改变,从 2004 年开始。那时,中国移动来到独龙江乡,将信息化的种子播撒进这片纯净的土地。从第一个 2G 基站开通到整族群众进入 4G 时代、普及互联网,再到率先享受 5G 先进技术,通信人以高度的责任感和广阔的情怀书写了少数民族地区信息化发展的壮丽篇章和生动历史。

2004 年,中国移动为独龙江乡开通了 GSM 网络,结束了独龙江乡不通电话的历史。他们在基本不具备建站条件的情况下,克服重重困难,在不到 3 年的时间里完成了独龙江乡的"村村通移动电话工程"。没有建筑材料,只好就地取材,用独龙江中的石头筑成通信机房;没有传输电路,就租用卫星传输电路;没有电力,就自建水力发电站给基站供电;没有公路,就走山间小道,肩扛手抬将设备运至基站站址……

2004 年 11 月开始,中国移动相继在独龙江乡的巴坡、马库、献九当、龙元、迪政当 5 个偏远山区行政村开通了移动通信卫星基站。2019 年 9 月,迪布里基站开通,这是独龙江乡境内"最后一站"。至此,独龙江乡北至滇藏交界、南至中缅边境,实现了网络全覆盖。通信基站的开通架起了当地与外界交流的桥梁,"沟通你我、连接世界"的梦想从愿景变成了现实。

2014 年,在当地开通移动电话十周年之际,中国移动在云南的第一个乡镇级 4G 基站在独龙江乡正式开通。

当年年初,中国移动的网络建设人员在独龙江乡开山后立即进驻独龙江,白天黑夜奋战在建设最前线,架光缆、爬铁塔、装设备、测信号,争分夺秒地为早日开通 4G 基站而努力。车路不通,他们就身背肩扛,走遍了独龙江乡的每一个大小山头，终于在当年4月27日成功开通了4G基站。至此，独龙族成为我国第一个整族跨入4G时代的少数民族，他们是我国最后用上手机的少数民族，却是第一个实现4G移动电话全面普及的少数民族。

从2G的开通到3G的建设再到4G的普及，独龙江乡的通信网络建设在十余年间实现了三次进阶，"村村通手机，村村能上网，人人信息灵"的目标成了现实。

随着移动通信的普及，越来越多的独龙族人用上了手机

2015年5月，中国移动在独龙江乡启动宽带进乡村建设，旨在让广大农民享受信息化带来的丰富娱乐文化生活及生产经营便利。现已实现行政村、自然村覆盖率100%，接入带宽具备从10 Mbit/s向1000 Mbit/s升级的能力，所有村委会均已建设并开通电子政务网，村民在家中就能看到海

量内容的 4K 高清电视。

为有效推进独龙江乡在移动互联网时代的跨越式发展，2015 年 11 月 15 日，中国移动成立了独龙江乡"互联网 +"项目办公室，立足当地实际，因地制宜推广信息化应用。"互联网 + 政务"推进了独龙江乡下辖村委会的电子政务平台建设，为提高办公效率提供了信息化支撑；"互联网 + 旅游"打造了"去怒江"信息化平台，让广大"驴友"便捷畅游秘境独龙江；"互联网 + 电商"推出"彩云优品"，帮助独龙江乡将草果、独龙毯、独龙马褂等特色产品销往更为广阔的市场；"互联网 + 教育"让独龙江乡马库小学、独龙江中心校用上了"班班通－电子畅言"产品，独龙江乡的老师可以共享全国的优秀教学资源。

独龙江乡马库小学的学生正通过电子看板学习语文

2019 年 3 月 6 日，怒江傈僳族自治州首个 5G 基站在泸水市开通，标志着怒江州迈入 5G 时代。怒江州作为全国深度贫困地区"三区三州"之一，率先开通 5G 基站,为"怒江决战 2020"向深度贫困地区攻城拔寨增添了亮丽的一笔。

不久之后,独龙江乡的 5G 基站也顺利开通。5 月 14 日,云南省怒江州贡山独龙族怒族自治县老县长、"人民楷模"、"最美奋斗者"高德荣在独龙江乡拨通了云南首个 5G 电话。而在独龙族博物馆里,独龙族女孩熊玉兰第一次戴上了 AR[②] 眼镜。在 5G 网络的支撑下,千里之外的昆明滇池和西山等景象实时地呈现在眼前,她甚至伸手想触摸眼前的楼房和汽车,"很奇妙,有种身临其境的感觉"。这个博物馆里陈列着独龙族人的祖先使用的通信工具——木刻。在原始社会,没有文字的独龙族靠"刻木"传信。他们在木板上刻出各种符号,以记载和传递土司命令、民间债务、结婚彩礼清单等信息。

2019 年 5 月 14 日,老县长高德荣(左二)在独龙江乡拨通了云南首个 5G 电话

---

② 即 Augmented Reality,增强现实。

从"刻木"到"放炮",时间随着怒江水流淌了千年;从"放炮"到5G,短短15年时间,独龙族急速追赶,跨越通信技术升级的所有阶段。通信方式的升级弥合了高山阻隔带来的"信息鸿沟",拉近了独龙族与外界的距离,推动着独龙族快速发展。

一部感人肺腑的奋斗史

千年的"无线电静默"缘于恶劣的自然地理条件和落后的经济社会发展水平。这一平静终于在2004年被打破,租卫星、自建水电站,通信人克服各种困难,开始了坚苦卓绝的网络建设。多年来,一批批通信人前赴后继、挥洒热情,为当地百姓的幸福生活默默奋斗。

中国移动在独龙江乡开展"村通工程"和电信普遍服务,实现了全乡行政村宽带、4G 100%覆盖。图为移动员工用溜索运送通信设备

马春海，1998 年毕业后来到贡山独龙族怒族自治县邮电局工作，从此与通信事业结下了不解之缘。如今，他已成为中国移动云南公司贡山分公司副经理，在基层扎根了 22 年。

2004 年，中国移动开始建设"村村通移动电话"工程。高黎贡山高耸入云，终年积雪；独龙江公路断断续续，从县城到乡镇 90 多公里的路，性能再好的越野车也要走上 10 多个小时，基站建设实属不易。马春海独自一人徒步 3 天，翻越高黎贡山进入独龙江乡勘站，历时 10 多天，将独龙江建站的第一手资料上报到公司。随后 3 年时间里，马春海做起了风餐露宿、爬雪山、涉激流的搬运工，和同事们一起将基站建设材料运进大山，一步步完成了独龙江乡"村村通移动电话"工程，实现了独龙江乡所有行政村 100% 的 2G 网络覆盖，也终于改变了独龙江乡"放炮传信"的历史。

2014 年，怒江移动提出"极速 4G、魅力怒江"建设战略，马春海和同事们在独龙江乡开山后立即进驻独龙江，他们争分夺秒，经过不懈努力，终于在当年 4 月底成功建成、开通了 4G 基站。

2015 年 11 月 15 日，云南省首个乡镇级"中国移动互联网 + 项目办公室"在独龙江乡揭牌，马春海也成为该项目办公室的负责人。从跋山涉水的基站维修员到互联网时代的引领者，他走过了千山万水，更走过了一个时代的更替。

如今，"互联网 + 政务服务""互联网 + 电商""互联网 + 旅游""互联网 + 教育""互联网 + 宽带"这些优质的信息化服务正深刻改变着独龙江的山山水水。通过中国移动搭建的"彩云优品"电商平台，以往"养在深闺人未识"的草果、重楼、当归、坚果等独龙江乡的特色优质经济作物走出了独龙江，该平台推动形成了一套低门槛、低风险、广传播、高效率的高原特色农产品互联网营销模式；通过网络，独龙族孩子也能学习地道的英语；通过信息化，越来越多的游客驱车进入这片世外桃源探秘观光；通过 4G/5G 网络，外边的世界深入了解独龙江，独龙江也更加自信地走向全世界……

在"马春海们"坚守基层、铺好信息高速路的同时，新一代建设者也成长起来，他们继往开来，正为美好未来而奋斗。

熊金昌，云南怒江铁塔贡山县区域经理，"90 后"藏族小伙，瘦弱的身体，戴着一副黑框眼镜，透着一股书生气，身材不算高大，却有着巍峨如山的意志、无私忘我的奉献精神，大家都喜欢称他为"熊哥"。

"马道"难，难不倒坚强的通信人。贡山马库村位于独龙江乡的最南端，距乡政府 41 公里，全村仅有 2 座基站。通信的落后限制了马库村民对外界的认识，通信设施改造迫在眉睫。然而，贡山至独龙江 90 公里，独龙江至马库 46 公里，马库至基站建设位置 7.5 公里，建设物资在经过这几段路程时几乎都需要人工搬运，工作难度之大让施工人员望而却步。"熊哥"二话不说扛起一袋水泥就往前走。大家看到这一幕，备受鼓舞，纷纷扛起了水泥、沙土继续挺进。

"累，真的很累，但能为家乡做点儿事，心里很高兴……"看着高高耸立的马库基站通信塔，不善言辞的"熊哥"笑了。在不懈奋战的 48 天里，"熊哥"带领的建设团队遭遇了 20 多天的暴雨，两次在滚滚流淌的独龙江边进退两难；搬运土建材料及电力配套设施累计超过 4 吨，以原始人力方式搬运建设物资徒步行走累计超过 270 公里；被蚊虫、蚂蟥等叮咬的包遍布全身，他们还多次遇到毒蛇……工程完工的那一刻，当地百姓和同行人员无不对其拍手称赞 "熊哥，阿克杰[3]！"

---

[3] 在傈僳语中，意思是"好样的"。

在云南，特别是在怒江通信基础设施的建设过程中，马库基站的建设案例并非个例。在不见天日的原始森林，在云雾缭绕的山顶，在寒风刺骨的山脊，在巨浪滔天的峡谷，在猛兽出没、蚊虫叮咬的边境……正是一个又一个年轻的"熊哥"，踏着上一辈的足迹，艰苦奋斗，用肩膀扛出来一座座基站，用脊背支撑起一座座铁塔，不断护航当地人民逐浪信息化的潮流。

在怒江的深山中，通信建设者们"钻林上天"

十余年的奋斗为独龙族同胞的脱贫注入了信息化的力量。通信人谨记习近平总书记在 2019 年 4 月给独龙江乡群众的回信中的勉励,"脱贫只是第一步,更好的日子还在后头。希望乡亲们再接再厉、奋发图强,同心协力建设好家乡、守护好边疆,努力创造独龙族更加美好的明天!"他们不敢有丝毫懈怠,前赴后继,在通往美好未来的道路上继续努力,争取更大的胜利!

3.3 开启川西新长征

从有着"天府之国"之称的成都平原西行仅百余公里,就进入了连绵不绝的横断山脉。凉山、甘孜、阿坝三个少数民族自治州就坐落在这片群山的怀抱中。这里是中国地形上第一阶梯和第二阶梯的分界线,层峦叠嶂的群山从"世界屋脊"绵延而来,中间纵贯着无数湍急河流冲刷出来的深切峡谷。

纵横的沟谷截断了山里人与外界交流的通道,贫困,是那大山深处发出的哀叹。为"三州"大山里的深度贫困地区打破"困"局,用信息通信网络搭建与外界沟通的桥梁,铺就脱贫致富的"大道",成为当地通信人肩上沉甸甸的责任。

行政村光纤通达率 100%、行政村 4G 网络覆盖率 100%、重点道路沿线无线网络全覆盖——这是四川信息通信业助力脱贫攻坚的目标。2016 年以来,四川省信息通信行业围绕这三个目标,开展了"行政村通光纤""行政村通 4G""深度贫困县重点道路无线覆盖"三大工程,确保 2020 年实现所有行政村通上光纤和 4G 网络。

铺网络，开启新长征

在四川的"三州"地区建设网络，又怎是一个"难"字可以概括！

这里平均海拔达 3800 米，沟谷纵横、山陡路险，大型现代化施工工具没有用武之地，很多时候网络设备还需要建设者手抬肩扛。加之林密草深、蚊虫肆虐、气候恶劣，冬有盈尺暴雪，夏有塌方和泥石流，网络建设者们选址勘查需要翻山越岭，铺设光缆时常栉风沐雨，架设线路总是登高冒险。

正如中国移动四川甘孜石渠县公司总经理丹真曲批所说的，"农牧民群众的网络，是我们一步一步'丈量'出来的"。

石渠县地处青藏高原东南缘的四川、青海、西藏三省区结合部，平均海拔 4000 米。高寒缺氧，年平均气温不足 0 摄氏度，空气含氧量仅有平原地区的 60%，有效施工期不足半年，加上面积广阔、村落分散，基站选址和建设相比其他地区是难上加难。有时候一个备选站点跑下来，一整天都过去了，但为了切实发挥网络扶贫点位的普惠作用，丹真曲批凭着一股啃"硬骨头"的韧劲，带领团队一个站点一个站点进行勘查。

由于自然环境和村民居住分散等限制，石渠县很多基站都必须建在半山上，网络信号才能有效覆盖全村。2018 年 8 月，色更村基站开始建设，该站点位于海拔 4278 米的山上，施工难度远超预期。由于气候条件恶劣，冻土层问题严重，交通不便，大型机械不能到达现场作业，丹真曲批便组织团队肩挑手抬，将能送到现场的设备都送上去。由于道路太窄，上百根电杆无法用货车直接运输，只能用肩扛马驮的方式一根一根转运；基站的位置太高，车辆无法到达，传输光缆只能靠施工人员一点一点背上去。丹真曲批常说："遇到问题，就算没有条件，也要创造条件去解决。"丹真曲批和他的同事们就是这样，日复一日地和艰苦的自然环境"较劲儿"，终于用 45 天时间完成了色更村基站的建设。

自 2018 年承担普遍服务工程建设任务以来，丹真曲批一直坚守在这个有着"生命禁区"之称的高海拔县城，用脚步"丈量"这 2.5 万平方公里的土地，为石渠县搭建了"网络高速公路"，让农牧民群众尽情享受信息新生活。

事实上，在四川"三州"地区，每一个村落网络通达的背后都印刻着无数像丹真曲批这样的通信人的足迹……

易日沟，山高林密，云雾缭绕，景色迷人，位于炉霍县仁达乡，海拔 3420 米。这里道路狭窄，路陡坡滑，四川移动的施工人员每次上山只能用最原始的肩扛背驮的方式完成物资运输，一路荆棘，大家你拉我一下，我拉你一下，相互鼓励着前行。当地群众对这里的一花一木、一草一树都极为珍惜和看重。因此，施工人员每走一步、每安装一处设备都需要慎重考虑，本着遵守当地风俗习惯的原则，大家宁愿多走几里路、多做几天工，尽可能减少对原始植被的损坏。为了提高建设效率，施工人员选择在山上过夜。漆黑的夜里，温度骤降，大家吃点儿冷馒头，喝点儿矿泉水，摆会儿"龙门阵"，抵足而眠，就这样等待着第二天的日出。

5 个日夜的辛劳付出，换来了易日沟 228 名村民告别通信闭塞的历史，得享便捷的通信服务。

赤绒村，这是一个连很多康定当地人都没有听说过的地方。为了让通信网络通到赤绒村，四川移动甘孜分公司的建设者们来到了这里。但是，赤绒村网络建设的施工难度却远超出"啃"惯山区建网"硬骨头"的工程建设人员的预期。赤绒村海拔 2800 米，距康定城区 100 公里。通往赤绒村的道路有一段长达 20 公里的区域仅能容纳一辆车通过，道路两旁均是悬崖峭壁，常年发生泥石流、塌方等自然灾害，"看着都让人觉得害怕"。上百根电杆是用拖拉机一根一根转运的，传输光缆是靠施工人员一点一点背上去的。累了，他们席地而坐；渴了，饮山间清泉；热了，脱件外套，随后起身继续前行。

面对重重困难，工程建设队伍没有丝毫退缩，"啃下"一个又一个"硬骨头"，用半个月时间在赤绒村新建电杆84根，铺设光缆7000余米，安装分路箱11个，赤绒村成为四川移动甘孜分公司在康定普遍服务区域第一个通宽带的点位。

凉山州木里县利家咀村，群山环绕，这里生活着一个蒙古族部落，据说他们的祖先当年随成吉思汗远征后定居于此。蒙古族老乡杨杜基说，由于交通不便，他们很少与外界接触，想和外出打工的亲人朋友联系，要骑马或摩托车，驶过沃野，穿过烂泥路，趟过几条不知名的小河，到达10公里外的地方找到信号后才能打电话。2018年，中国电信投入建设资金100万元，组织施工人员50余人，克服了山高路远、地质不稳、连续强降雨、电力不通等难题，在利家咀开通了光纤宽带和4G网络。中国电信这条信息高速公路，让利家咀的蒙古族老乡们在历经数百年的信息闭塞后，第一次直接与外面的世界连在一起。

然而，网络的通达并不是通信人征途的终点。如何保持网络永远在线是他们面临的更艰巨考验。

川西地区群山争雄、江河奔流，高山与峡谷毗连，地表生态脆弱，泥石流、山体崩塌等自然灾害频发。拉好的光纤、建好的基站往往在一场暴雨中就被冲毁。所以这里的网络维护工作任务更加繁重。

2017年4月24—27日，国道318线康定折多山路段持续强降雪，积雪厚度达20厘米。暴风雪持续了好几天，康定—折多山沿线大坪村、折多塘、二台子、折多山观景台等5个基站停电告警。4月27日早6点，四川移动网络维护人员叶成东带领抢险小组7人，携带2台油机和油料火速赶赴海拔4000多米的折多山。

厚厚的积雪让本来就十分崎岖的山路更加危险。接近海拔约3700米的二台子基站时，山上积雪太厚，抢险车无法通过。"扛也要把油机扛过去！"

叶成东一行扛着油机，冒着风雪，小心翼翼地踩着没过脚踝的积雪，艰难地向基站走去。

由于海拔高，高寒缺氧，叶成东一行明显感觉到呼吸困难，使不上劲。他们咬紧牙关，互相鼓励，终于将重达100多斤的油机搬上了二台子基站。从国道318线到基站原本只需要10多分钟的路程，叶成东一行却花了1个多小时。

2019年8月20日，受持续强降雨影响，阿坝州境内多处发生山体滑坡和泥石流灾害，都汶高速公路映秀段、国道213线等道路受损严重。都汶高速公路从映秀到汶川段短短48公里，3处遭受强泥石流侵袭，路面被冲毁，桥梁被冲断，隧道被堵塞。灾情就是命令，四川移动阿坝分公司的网络维护人员立即投入紧张的救灾保通信工作中。桥被冲垮了，他们就冒险坐进挖掘机的铲斗里过河；道路中断了，他们就沿着超过45度的斜坡攀爬上山。身下汹涌的江水、背上沉重的物资都不能阻止他们保障通信畅通的步伐。

圣洁的雪山见证了通信人无畏的付出

通信网,架起致富桥

通信人甘冒风险、挥洒汗水都是为了让网络通达、一直在线。这是因为他们最清楚一直畅通无阻的网络对"三州"的偏远乡村意味着什么——它是山里孩子看到外面世界的一扇窗口,是外出务工游子与家中的一线牵挂,是山里人脱贫致富的希望所在。

凉山州喜德县是国家级深度贫困县,彝族人口约占90%,170个行政村中的建档立卡贫困村就有136个,洛哈镇马觉村是其中之一。全村常住人口只有30多户,地处喜德县洛哈镇与昭觉县三岗乡接壤处,平均海拔2800米。偏远的地理位置和恶劣的自然环境,让这个彝族小村庄一直过着"交通全靠走,通信全靠吼"的原始生活。从2018年该村被纳入第四批电信普遍服务项目,并在2019年启动建设以来,村民们对通信网络的开通翘首以盼。

因建设期间时值雨季,许多山路被冲毁。为了早日给村子通上网络,中国移动四川凉山喜德分公司副总经理孙永洁与负责网络运营维护工作的魏然还是决定克服困难,前往村里进行基站设备的调试。行至半途,政府沿河新建的村道被洪水冲毁,两人扛着设备,沿着小路在山间穿行了两个多小时才到达村委会。

彝族老乡得知是移动公司来安装宽带和调试手机信号,把两人围住,在施工现场当起了监工,生怕两人只是来看看就走。就这样在众目睽睽之下,两人顶着烈日,完成了放线、熔纤、设备调试等工作,顺利地在马觉村开通了宽带、4G网络,结束了该村与外界无通信的历史。现场的老乡很兴奋,纷纷拿出手机与远在他乡务工、读书的亲人联系,告诉他们自己不用再到处找信号了。

坐落在唐蕃古道旁的甘孜州磨岗岭村在2009年经改制后设立自然村，村平均海拔1650米，全寨共54户235人，其中少数民族224人。2017年，这个被称为"最北彝寨"的小山村实现了光纤和4G网络的覆盖。当年建设网络时，通往村子的公路还在修建，为了能早日使用上宽带网络，期盼已久的村民们自发义务出工，帮甘孜电信的施工人员运输光缆和线杆。这个仅有235人的村子发动了150个壮劳力，分成三班，轮流按日出工建设。在光纤架设完成的当天，磨岗岭的老百姓和甘孜电信的工作人员举行了篝火晚会，大家一起唱歌、跳舞，庆祝光纤的成功入户。

光纤入户后，当地的老百姓利用网络开展了智慧民宿的宣传和运营，大山的秀美风光和红色的长征足迹吸引了全国各地的游客纷纷来此观光旅游。这里的致富带头人罗向明说："自从2017年年底成功通了网络后，我们的智慧民宿已经接纳了超过3万人次的游客，这极大改善了我们的生活，真心感谢国家的好政策！"

除了智慧民宿，磨岗岭村还成立了益农社，通过电商平台把当地的茶叶、蜂蜜、香料等特产销往全国；农资生产企业在益农服务平台发布信息，农户可以在线上快捷方便地预定农资用品；省里的专家还通过网络平台向百姓提供与其切身利益相关的国家政策解读和先进农业技术指导。

谈起网络给生活带来的变化，罗向明笑着说："我们彝族人爱喝酒，网络通了后，我们都喜欢上了上网、刷手机，连酒都喝得少了！"现在，每天晚上，罗向明一家喜欢坐在沙发上收看中国电信的IPTV，内容包括中央电视台和各地电视台的节目、可点播的电影电视剧，还有针对当地的精准扶贫、大爱四川和甘孜专区频道的节目。"光纤宽带不仅提高了家里的经济收入，更丰富了我们的精神世界，这幸福真是来之不易，我们要好好珍惜。"

在四川，这样的变化比比皆是。如今，无论是大山深处的偏远山村，还是雪域高原的藏乡羌寨,都和繁华都市一样,同步共享百兆高速宽带和 4K 超高清电视。偏僻地区的贫困群众也搭上了"互联网+"时代的快车,走上了脱贫致富的道路。

索朗扎西是甘孜州道孚县沟尔普村村民,家里有几亩薄田,亲人中有在外务工的,也有搞长途货运的。索朗扎西是村里第一个安装了移动光纤宽带的用户,移动工作人员帮他下载了微信,让他与在外地开货车的家人通过高清视频聊上了天。体验过电信普遍服务带来的便利后,索朗扎西忍不住感叹:"以前就是看一下电视,还不知道上网有这么多好处。有了视频聊天,我们也不用时时刻刻担心孩子在外头工作的安全,而且屋头④娃娃爱看动画片,现在想看就可以看,屋头种的土特产还能在网上卖,舒服!"

接到亲人的电话,阿婆好高兴

④ 在四川话中,意思是"家里"。

当甘孜县贡隆乡堆温果村普遍服务分路箱安装完成后,村里的农户立马到村活动室内用手机连接宽带网络体验起来,看电影、聊微信、发动态、淘宝购物……忙得不亦乐乎。过去,村活动室作为村民聚集场所,大家经常聚在一起闲谈、话家常,沟通形式单一。如今,村活动室比集市还热闹,通过宽带网络,村民们足不出村就能了解党和政府的惠民政策,学习农业科技知识,孩子们还可以在村活动室搜索各类学习资料,普遍服务惠民工作真正落到了实处。

这些都只是四川通信人做好电信普遍服务的一个缩影。自电信普遍服务试点工作实施以来,四川省累计争取财政资金 22.5 亿元,带动企业投资 45 亿元,实现了 9797 个行政村通光纤和 4344 个行政村通 4G 网络。一条条光纤、一道道电波组成的信息高速公路跨越巍巍群山,弥合了城乡"数字鸿沟"的同时,也"填平"了千沟万壑,成为川西人民脱贫致富的康庄大道。

 3.4 挑战"世界屋脊"

郭生一家到西藏安家已经 10 年有余。10 多年前,郭生在拉萨开了一家小店,经营各类西藏特产,如牦牛肉干、藏红花等。2012 年,郭生把线下的生意做到了线上,通过微信朋友圈等渠道售卖自己的商品。"据我所知,以往他的客源大多是一些进藏的游客,后来网店做起来了,大家开始通过他的朋友圈购买商品。我也帮忙从西藏给朋友买了好几次特产寄到南京。"郭生的一个朋友介绍说。现在,网店成为郭生的一大收入来源。这一转变折射出信息通信在青藏高原的发展变迁。

青藏高原是我国最大也是世界海拔最高的高原，有"世界屋脊"之称，总面积约为250平方公里。青藏高原平均海拔在4000米以上，这里大部分地区最暖月平均温度不足10摄氏度。独特的地理位置与自然环境让通信建设变得举步维艰，其中尤以西藏为代表。一位在西藏工作了7年的通信人感慨，经过通信业的不懈努力，数年间，西藏地区的通信网络发生了翻天覆地的变化，"2012年我第一次进藏的时候，西藏有的地方（如山南）网络很不好，有的地方甚至连信号也没有。2019年，离开西藏前，我到许多县城逛了逛，发现沿途信号好了很多"。

"神山"脚下的"夫妻店"

西藏阿里地区平均海拔达4500米，空气含氧量只有内陆平原地区的三分之一，这里有著名的"神山"岗仁波齐。在岗仁波齐山脚，有一家独特的"夫妻店"。2009年，中国移动西藏公司在塔尔钦建设了第一个乡镇营业厅，其美多吉和边巴卓玛夫妻俩先后成为这里的员工，经营着这家神山脚下的"夫妻店"，为当地百姓及来往的游客服务。

人们时常能看到夫妻俩穿着工作服忙碌的身影，他们脸上常挂着朴实无华的笑容，在阳光的映衬下，让人感觉分外温暖。因山高路远，塔尔钦物资匮乏，且由于地势险峻，人畜饮水困难，通信基站的电力供给只能依靠发电机维持。平日里，其美多吉会骑摩托车到10公里外的河滩载水。其美多吉外出时，边巴卓玛就得自己扛着水桶到河里挑水，自己加油发电。为了保障通信基站用电，他们夫妇日复一日地用摩托车载水或自己背水。

其美多吉在维护通信基站

2009年10月8日，天空飘着小雪，其美多吉像往常一样，骑着摩托车为远在45公里之外的客户送充值卡。返程途中，雪势渐大，积雪逐渐覆盖了整个公路。这时候，摩托车抛锚了。看着茫茫白雪，其美多吉知道如果在原地等待救援，自己将冻死在寒冷的风雪中。无奈之下，他只好一个人顶着寒风，冒着大雪，努力分辨着方向，在零下30多摄氏度的风雪中，用尽全身力气推着摩托车一步步向前挪动。家里，边巴卓玛正在家门口看着漫天的大雪，焦急地等待着丈夫的归来。她一遍又一遍拨着丈夫的电话，但都无法接通。在焦急等待了8个多小时后，她看到一个熟悉的身影在大雪中向家门口移动。边巴卓玛急忙迎上去，一边帮丈夫拍打身上积雪，一边扶着他走进温暖的家。回到家后，其美多吉终于喝上了一碗热腾腾的茶……

其美多吉在雪地中艰难前行

|"信息天路"进阿里

2012年3月16日18时许,西藏移动驻阿里地区改则县麻米乡定昌村、次吾嘎木村、克勤村、行勤村通信信号全部覆盖,夏茂辉和队员们的脸上洋溢着灿烂的笑容。夏茂辉是西藏移动第三批驻村工作队队长,他和队员驻村的地点距离"神山"冈仁波齐和"圣湖"玛旁雍错不远,是一个叫普兰县霍尔乡帮仁村的村落,这里的牧民还过着传统放牧式的生活。

在阿里普兰县霍尔乡帮仁村,西藏移动驻村工作队建起了当地第一个流动商店,出售摩托车零件、日常用品等120多种商品,直接从拉萨厂家进货,商品价格比当地其他商店便宜10%,摆脱了长期以来物价高、物品少的困境。工作队购买了运货的卡车并免费将商品运到村里,流动商店收入归村集体所有。2012 年 7 月，考虑到该村村民居住极为分散的实际问题，驻村工作队决定将卫星基站搬迁至覆盖范围更广的山顶。队员们与技术人员先后多次爬到附近山头，开展基站选址工作，终于在 7 月底完成了土建局房的建设、基站设备的搬迁和安装。基站搬迁后，基本能够覆盖该村绝大部分村民住房，村民能够足不出户与外界进行较为及时的沟通。

这是西藏特有的"风光基站"（风能和太阳能）。图为 2013 年建成投用的青藏铁路沿线的移动 4G 基站

西藏人民为宽带喝彩

"我儿子在辽宁上中学，以前打电话要跑到山上才有信号，现在宽带网络通了，通过视频直接就可以看到他，看看他个子长高没有，胖了还是瘦了。""等了好久终于等到今天！""感谢你们，我终于可以和在拉萨工作的

儿子视频通话了！真是太好了，太谢谢你们了！""感谢你们，我终于可以看想看的网络剧了！""现在我们也可以上网啦！"通了宽带以后，西藏人民用最质朴的语言表达着自己的兴奋与激动。

左贡县绕金乡的普拉村是电信普遍服务试点行政村之一，地处青藏高原腹地。村民边巴扎西说，宽带通了，村里人的生活发生了不少新的变化，不仅电视收看的频道增多了，还可以利用网络做小生意，出售自家的酸奶、牛乳等特产，增加收入。更值得高兴的是，网速上去了，电信资费却比原来低了不少，"以往每月的电话费就要上百元，现在既有宽带又有电话，费用也就几十元，花费很低"。

2017年9月13日，西藏昌都市卡若区开通了第一个行政村——白格村的宽带普遍服务。白格村是西藏联通开展的首批电信普遍服务建设点之一，卡若区电信普遍服务涉及全区15个乡镇，共44个之前未接入宽带的行政村。

2016年7月，西藏日喀则地区仁布县母乡卫生员旦增赤列走村入户，利用中国移动的"全员人口信息移动智能终端采集"系统录入各村新生婴儿人口信息

高原上的建设者们

青藏高原地域辽阔，从高原雪山到原始森林，从草地荒漠到湖泊沼泽，地貌壮观，这里是旅游者的"圣地"，是摄影者的"天堂"。然而，对通信基站的建设维护人员来说，这里却是通信建设的"蛮荒之地"。

那曲，地处西藏自治区北部的唐古拉山脉、念青唐古拉山脉和冈底斯山脉之间，位于青藏高原腹地，平均海拔 4500 米以上，高寒缺氧，气候干燥，全年大风日达 100 天左右，年平均气温为零下 1 至 2 摄氏度，最冷时可达零下三四十摄氏度，全年日照时数为 2886 小时以上，紫外线超强。每年 10 月至次年 5 月为风雪期和土壤冻结期，6 月到 8 月为生长期，全年也就约 5 个月的时间适合进行通信基础设施建设。

马东伟，一个 20 多岁的回族小伙子，是那曲铁塔的一名员工。他一个人负责班戈、双湖、尼玛、申扎 4 个县的建设维护工作。于他而言，在荒原中进行通信基站的维护工作，最大的担心莫过于车辆陷入沼泽。"草原上没有路，开着车一不留神就会陷进去，有时候一个月会发生七八次陷车事件。有一次，我们去一个站点进行日常安全隐患的巡查，车辆陷入雪下的沼泽中，花了 3 天才把车拉出去。幸亏当时是一行人开两辆车去的，否则后果真不敢想象。"

除此之外，还有恶劣天气带来的困难需要马东伟克服，"高原上下雪、下冰雹是不可避免的。有一次，我去尼玛县鲁根村一个海拔 5000 多米的站点进行安全隐患日常巡查，需要爬到太阳能面板上。上去容易下来难。我爬到上面的时候，正好下起雪和冰雹，为了安全起见，就只能在上面待着，冰雹砸在身上再疼也只能忍着，足足过了十多分钟，下完冰雹，我才敢下来。雪盲也是一件十分危险的事儿。在雪域高原看雪久了，有时会看到强烈的白光，然后眼睛就突然什么也看不见了。"2015年12月，马东伟一行从申扎县往尼玛县方向进行站点勘查。由于没有戴墨镜，马东伟路至半途突然出现雪盲症状，感觉眼前一片模糊，下意识赶紧踩刹车，用车里的黑色塑料袋子裹住眼睛，缓了十多分钟才逐渐恢复过来。

车辆在厚厚的积雪中无法继续行进，维护人员不得不下车铲雪

同样面临着气候寒冷、交通不便、严重缺氧缺淡水问题的还有那曲双湖县电信的员工。双湖县辖区有三分之二的面积位于可可西里无人区，自然灾害频发，素有"人类生理极限试验场"之称。这里约12万平方公里的土地上，常住着6乡1镇31个行政村的约1.3万牧民。双湖县电信只有3名员工，却为当地超50%的移动通信用户提供了服务。

如果说那曲的建设维护工作艰难，那么林芝地区的则是难上加难。"我在那曲等多个地方工作过，我认为在林芝进行铁塔基站建设维护是最艰难的。林芝的海拔高度低于西藏其他地区，但这里却是世界陆地垂直地貌落差最大的地带，山高水长，人力难及，站与站之间距离遥远，维护起来非常困难,最远的一个基站过去都得花 3 天时间。林芝还有着广袤的原始森林,这也给建设维护增加了很大难度,有时找一个站点都得花半天时间。"林芝铁塔副总经理冯继昌说,"由于很多地方没法引入市电,林芝铁塔维护的 2000 多个站点中有六七成只能依靠太阳能电池发电,电池耗尽后只能依靠人工发电进行供电。雨季伴随着无法预知的泥石流,道路被冲断是经常的事,前往站点发电进行应急保障不仅异常艰难,而且相当危险。"在墨脱县有一座古老的寺庙——仁青崩寺,每年墨脱的各种佛事活动都在那里举行。寺后不远处有一座通信基站,日常上站巡检工作必须途经一片密林。然而,密林里到处都是旱蚂蟥,巡检人员时常被旱蚂蟥叮咬。

通信建设者们用人力搬抬的方式运送通信基站所需的日常维护物资

虽然青藏高原上自然环境恶劣,信息通信基础设施建设难度大,但通信人的建设热情丝毫不减。日复一日,年复一年,他们在雪域高原上挥洒汗水，用双手搭建起一条条"信息天路"，将青藏高原与外边的世界连接起来。

3.5 驰骋万里海疆

南海，永兴岛，中国移动机房。

机房外是水清沙白的南海风光，机房里所有人紧张地期待着那一刻的到来。

"信号强度达标""下载速率达标"……随着工信部电信普遍服务三沙试点项目所有站点一一通过验收，三沙所有有人岛礁终于实现了 4G 网络全覆盖。这是 2019 年 10 月 16 日，距离三沙试点项目启动不足一年。

在祖国辽阔的南海，几十年来，无数通信人前赴后继、只争朝夕，克服了种种恶劣条件，战胜了威胁生命安全的挑战，只为让这片"蓝色国土"实现良好的通信网络覆盖。

尽管困难重重，他们从来不曾退缩。

南海通信变迁

党中央对海南的改革开放发展寄予了厚望。2018 年 4 月，习近平总书记在庆祝海南建省办经济特区 30 周年大会上指出，要推进"智慧海洋"建设，把海南打造成海洋强省。

以习近平总书记在庆祝海南建省办经济特区 30 周年大会上的重要讲话和《中共中央 国务院关于支持海南全面深化改革开放的指导意见》作为

行业建设和发展的行动指南,信息通信行业在南海深耕网络建设,多次在防风抢险和海上救援方面发挥了极为重要的作用,为维护国家主权作出了应有的贡献。

电信普遍服务走进三沙岛礁是实现三沙智慧海洋、智能海岛的重要举措。三沙是第四批电信普遍服务试点地区,在项目实施过程中,充分考虑了网络的先导性、基础性和战略性作用,统筹脱贫攻坚、守边固边和乡村振兴,明确投入机制和支持政策。三沙岛礁众多,如同颗颗珍珠点缀在南海海面上,在海域进行网络覆盖的难度远高于陆地。

1990年以前,南海诸岛中的永兴岛尚未通电话,平时对外联络靠收发电报,通信极其不便。2001年永兴岛建成第一个卫星站。2003年4月,移动通信基站在永兴岛建成。2007年4月,永兴岛宽带网络开通。

2012年7月24日,三沙市正式挂牌成立的当天,中国电信、中国移动、中国联通三家电信运营企业的三沙市分公司均挂牌成立,通信人全力以赴要为三沙市提供高水准的通信保障服务。

仅仅解决永兴岛的通信问题,远远不够。在南海,岛屿礁滩星罗棋布,美不胜收的风景对通信网络建设来说却意味着前所未有的难题。

随着南海开发步伐的加快,各岛礁的面貌发生了较大的变化,同时海上作业、过往船只等的通信需求不断增多。从前,当地通信基站主要通过卫星信道保障服务,存在带宽窄、速度慢、覆盖面小等问题。加快对通信设施的建设和扩容,刻不容缓。

通信人别无选择,唯有迎难而上。

中国电信的工程建设和维护人员长期奔波奋战于各岛礁间,开展站点载波扩容、基站故障排查、网络覆盖优化和应急基站安装等各项工作。"40多摄氏度的高温下，衣服穿在身上火辣辣的，但要是不穿又会被晒得脱皮！"工程建设人员在水泥地上顶着烈日测试网络，冒着强风爬上高塔安装天线。海岛天气说变就变，一阵暴雨袭来，他们来不及躲避，就被淋成了"落汤鸡"。

由于岛屿建站地理环境具有特殊性，往返一次周期长、成本高，中国移动的施工人员多次往返于海南岛、永兴岛、北岛，与渔民、驻岛居民现场沟通，准确了解覆盖需求，对岛礁的地理条件、自然环境、气候特点进行了逐项研究。他们克服时间紧、交通不便、施工难度大、海况及天气变化多端等诸多困难，最终圆满地完成了建设任务。

为了完成南沙岛礁 3G、4G 网络建设的任务，中国联通的建设人员从广东湛江出发，在海上漂了 4 天。上岛施工人员只有 4 人，面对 2200 多公斤的设备，他们靠人力搬运了约两小时。在 6 号岛礁施工时，岛上经常刮风下雨，他们每天只能抓住天气放晴的 3 小时，安设备、放光缆、跳纤、调试基站。

2018 年年底，工信部在三沙市投入 1350 万元普遍服务基金，用于解决 6 个有人岛——北岛、西沙洲、羚羊岛、银屿岛、甘泉岛、鸭公岛的 4G 无线覆盖问题。在海南省通信管理局和三沙市政府的全力支持下，中国移动海南公司作为独家承建单位，2019 年 3 月 6 日正式启动施工，并将该项目确立为"书记项目"，于 9 月下旬完成了整体项目任务。经专业测试，所有站点均达到工信部电信普遍服务海岛覆盖有人区域信号强度和下载速率等验收标准，实现了三沙所有有人岛礁的 4G 网络全覆盖。

从 2G、3G 再到 4G，通信人的足迹遍及南海各岛礁，相继建设开通了南沙 7 个岛礁和西沙永兴岛、赵述岛的 4G 基站以及交通补给船的船载 4G 基站，网络信号能从所在岛礁延伸覆盖到 100 公里开外的海域，实现了岛屿、周边海域的 4G 网络全覆盖。发送图片、浏览网页、视频通话……如今，在距内陆 1000 公里之外的远海，驻岛居民和周边作业的渔民也能同内陆的居民一样，自由地享受便捷的现代通信服务。

网络建设的步伐不曾停下。

2019 年 4 月 11 日，中国移动在三沙开通了首个 5G 基站。这是中国移动最南端的首个 5G 基站，它的开通标志着 5G 网络覆盖已经延伸到祖国的最南端。该站主要采用 2.6 GHz 频段的网络覆盖，单用户下行峰值速率可达 1.7 Gbit/s。

2019 年 7 月 24 日，在三沙建市七周年之际，中国电信在永暑礁、永兴岛开通了两个 5G 基站，永兴岛"双千兆"网络⑤开始启用。

中国电信的通信工程师在南沙永暑礁建设 5G 基站

---

⑤ "双千兆"是指固定网络和移动网络的带宽都达到千兆（1 Gbit/s）以上。

不仅如此，乘着5G的东风，三沙市民将享受与内陆城市同步的信息化服务。2019年9月29日，位于三亚的一家医院和三沙市人民医院之间开通了5G远程全门诊服务，这是全球首个开通运行的5G远程全门诊。两家医院相距340公里。在进行5G远程全门诊的过程中，三亚这家医院门诊部的医生通过高清摄像头实时观察患者的身体状况、查阅病例资料，并与患者进行互动。超声科和放射科的医生还可以实时远程操控超声、CT、核磁等医疗设备为患者进行检查。三沙市人民医院只需安排医疗辅助人员协助远程门诊的开展，全过程低时延、无卡顿。

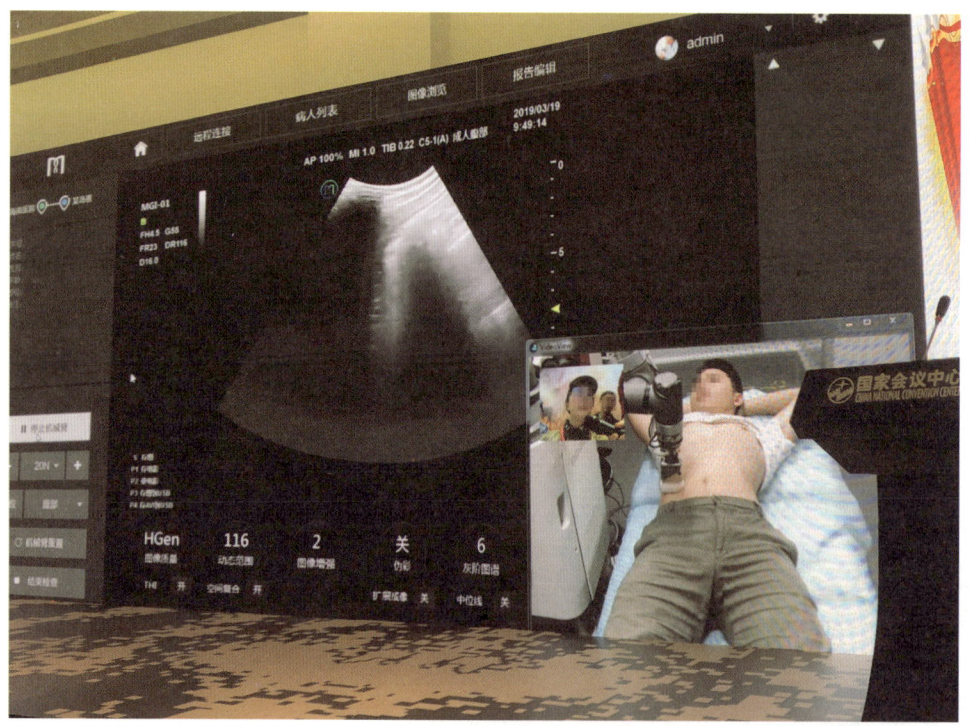

2019年，在永兴岛医院，一位患者正在接受B超检查，而通过5G网络操控这台B超诊断仪的是远在三亚的医生

2019年5月,三沙首个无人值守自助营业厅开业

通信人用一点一滴的付出和努力,让南海岛礁不再孤远。

乘风破浪攻坚

南海的通信建设有多难?

远离祖国的内陆,生活物资短缺,交通运输不便,气候恶劣多变……

在南海,每建设一个基站,网络建设人员都要搭载登陆艇在海上漂流好几天;遇上大风大浪,还要面临小艇被掀翻的危险。

高温、高湿、高盐、高辐射、高腐蚀……岛礁上建房用的挖土机,在建设完成后，因为生锈腐蚀无法运走。建基站所用的材料都要镀锌，以尽量延长使用寿命，由此成本成倍增加。

南海的通信需求有多迫切？

三沙市民说："一刮台风，好多岛就失联了，岛上的人是死是活，我们都不知道。"

在 4G 网络开通前，西沙洲的守岛人说："在岛上最难受的就是寂寞。现在我要跑到岛的边边角角上才能蹭到一点信号，再坚持两个多月，我就能用上 4G 跟家里人视频了！"

畅通的网络信号让驻岛居民和三沙渔民的思乡之情得到慰藉，为过往船只和海上抗风抢险、紧急救援、医疗救助等提供了通信保障，向途经南海的过往船只郑重宣告"Welcome to China"，更是为我国加强对南海的管控发挥了重要作用。

为了使命与期待，所有南海通信网络建设人员面对困难，只有一句话——"再苦，我也会去的！"

说出这句话时，中国移动三沙建维团队队员苏训正站在人民大会堂的领奖台上，作为全国工人先锋号团队代表，接受表彰。

时隔多年，他仍记得 2008 年 10 月在西沙中建岛，他和 5 个队友站在狭窄的礁盘上，望着苍茫的大海和停在几海里外的补给船，陷入深深的纠结中。受台风影响，中建岛的通信基站被严重损坏，通信中断了近 4 个月，迫切需要修复。他们乘坐的补给船要运送物资到其他岛礁，最多只能等 3 小时。然而基站损毁情况超过预期，3 小时远远不够。大家都很清楚，错过这艘船，想回去至少要再等一个月。而中建岛面积大约 1 平方公里，除了无边的海水，什么都缺。

"既然来了,就一定要把基站修好,大不了在这里再蹲一个月。"苏训最终坚定地说。其实,若是离开,也合情合理。只是在最后的一刻,大家都选择了坚守使命,履行通信人的职责。

补给船缓缓离开,建设者们连晚饭都顾不上吃,顶着 40 摄氏度的高温,开始了紧锣密鼓的工作。他们一直干到夜里 10 点多,终于把中断了 4 个月的通信恢复了!电话通了!苏训和队友们禁不住击掌相庆。随后的一个月,他们住在了中建岛,一间屋子空荡荡的,一人一张木板床,一洗澡就脱水,身上像长了壳;吃的是罐头、咸菜,淡水是最金贵的,必须省着喝……

在三沙烈日炙烤下建站的移动通信工程师

像这样的特殊经历,每一个南海通信人都有一段自己的感受。

"上半个月吃菜,后半个月吃瓜。"

"吃的,待五天,吃五天土豆;住的,待七天,睡七天机房。任务一旦有延误,赶不上船,就要陷入漫长的'盼船期'。"

"在南沙,你有钱都买不到淡水,水土不服那是常事,受伤或生病了只能吃自己带去的药,洗澡更是一种奢侈。"

"南沙的天气就像孩子的脸,说变就变,刚才还是晴空万里,要接受40多度高温的炙烤,转眼间就乌云密布,大雨倾盆,被浇个透心凉。"

然而,看到驻岛居民对通信的翘首以盼,他们觉得这些苦不足挂齿,"再苦再难总得有人去干,把三沙的网络建好,就是我们这份工作最大的价值"。

为了实现这份价值,他们搏击风浪,让通信信号穿越海疆万里。

在飞机通航之前,从三亚出发到三沙市政府所在地永兴岛,至少要10小时。而要去更偏远的南沙岛礁,则更加困难。坐船到南沙,没有想象中的碧波万顷、海阔天高,常常伴随的是惊涛骇浪、险象环生。天气不好时,浪头有四五米高。有一次,中国移动的建设者乘坐登陆艇遇上了风浪,小艇倾斜超过了45度,差一点被掀翻。而在前往东门礁站建设时,遇到大风浪,船靠不了岸,中国电信的建设者在海上整整"漂"了11天。由于供给有限,他们靠吃方便面和干粮充饥,浑身无力。下船时,这些棒小伙连30斤的设备都快搬不动了。但是他们也只是稍作休整,就立即投入了紧张的工作中。

十几小时的海上航程也颇为煎熬,晕船和呕吐是每个南海通信建设者难忘的经历。就算是去比较近的西沙,也有很多人严重晕船,没办法,只好从上船开始就趴在床上,不吃不喝,一直挺到船靠岸。"有时候,船舱几乎被吐得没有下脚的地方。""有一个兄弟去的时候吐到肠子都'打结'了,一上岸就立马被送去打吊针。"

为了在美济礁进行网络覆盖,中国移动的建设者们坐了 28 小时的船,又晕又吐,上岸时已经是深夜 11 点。然而补给船第二天上午就要离开,所有人顾不上休息,饿着肚子立马开工!

中国移动的网络工程师在西沙永兴岛电视台的基站上安装天馈线

基站建设要求必须一次上礁、一次成功。在有限的时间内,建设者要完成实地勘查、数据分析和测试安装、线缆布放规划等一系列工作,对能力和精力都是严峻的考验。诸多难题逐个攻破,他们凭着精湛的专业技术和团结协作的精神,圆满地完成了任务,不负使命与职责。

海疆万里远,音信瞬时达。

远在祖国最南端的海上石油平台作业的石油工人自发给中国电信的通信建设团队发来感谢信,"现在的我们,随时随地可以通过中国电信的网络打电话给亲人和朋友,下班以后还可以和家人视频通话,听听妻子的声音,看看孩子调皮的样子，内心非常满足"。

"以前在南海航行，手机就是用来看看时间，现在4G开通后可不一样了，打电话、聊微信、看视频，真是太好了！"经过艰苦探索，中国移动在往返海南岛和三沙海域的补给船"三沙一号"上实现了4G船载移动信号全航程覆盖。

通信畅通让海岛生活与内陆同步。"以前，岛上的带宽不够，上网不方便。4G开通后，上网、视频聊天，速度可快了，年轻人最喜欢了，玩游戏、谈恋爱、买东西，什么都方便多了。不少在岛上卖海产干货的老板还开起了微店，在线销售呢！"

"谢天谢地，谢谢共产党！"渔民汪生在三沙海域突发心肌膜炎，通过中国移动的网络发出救援短信后，很快得到了及时的救护。

南海通信建设者们风里来浪里去，高温酷暑不躲避，面对重重困难勇敢逆行，用一身熠熠生辉的古铜色，为祖国"蓝色国土"增添了一抹亮丽的颜色；他们用海水也腐蚀不了的三沙精神，让万里海疆通信畅通。

挺进黔西南最深处

"幺儿，你看看，你快看看，咱们村里也通上宽带啦！"第一次用上手机视频电话的刘俊，与远在东莞打工的儿子通话，声音还有些颤抖。

身为黔西南晴隆县都田村的村支书，这个土生土长的贵州人深知，把连着小康梦的宽带网络接到这山旮旯里，有多不容易。

贵州是全国脱贫攻坚的主战场，贫困人口多、贫困面积大、贫困程度深，而黔西南则是贵州脱贫攻坚的坚中之坚、难中之难。这里既是西部地区、民族地区，又是革命老区，更是贫困山区，全州8个县（市）有7个是国家扶贫开发重点县，全境被列为滇桂黔石漠化片区，也是国家规划发展的14个集中连片特困地区中扶贫对象最多、少数民族人口最多、所辖县数量最多的片区。

"打通信息屏障！"在黔西南"大扶贫"的布局中，信息通信分外重要。黔西南在实现村村通4G的基础上，已实现了村村通光纤，正式迎来了光网时代！

| 啃下这块"硬骨头"

"等那一天，等了好久了！"提起第一批电信普遍服务试点项目在望谟县开工的情形，杨正旺觉得就像发生在昨天。

2016年6月，黔西南州第一批电信普遍服务试点项目启动，由贵州移动负责，项目计划覆盖908个行政村。其中，望谟县有117个行政村的建设任务，是全州建设数量最多、难度相对较大的县。望谟县的乡镇距离城区较远，行政村就更远了，很多村寨的道路狭窄崎岖，交通极为不便。2017年4月，望谟县只完成了25个行政村的宽带建设，距离117个的目标还很远，这个任务是块实实在在的"硬骨头"。

杨正旺，一个踏实努力的苗族小哥，望谟县本地人。1982年出生的他，自2007年进入贵州移动工作以来，先后担任过乡镇片区大客户经理、网格经理、综合事务管理员和全业务小组组长。丰富的工作经验，加上苗族汉子身上那种不达目的誓不罢休的血性，让他立志要啃下这块"硬骨头"。

上午，蹲点施工现场，抢时间、抓进度；中午，复盘施工细节，务求精、务求细；下午，挂测开通网络，保质量、保安全……连续两个月，杨正旺和他的小伙伴们都是在"无双休日、无节假日、无准点下班"的状态下，夜以继日。

每年的4月底、5月初是望谟县的雨季，山体滑坡是常有的事儿，交通受阻导致很多地方无法正常施工。有一次，又是突降暴雨，崎岖不堪的山路越发湿滑，杨正旺和同事们驾驶的工程车已经没法再继续前进一步了。

要不返回城里？那又要延误一天的工期。"兄弟们，这石头挡得了车，挡不了咱的腿。"杨正旺冒着大雨第一个跳下了车，一车的"急性子"纷纷响应，他们肩扛手抬地搬运设备往山上走去。山路泥泞，时不时有人摔倒。为了调节气氛、鼓舞士气，杨正旺每次自己摔跤了，就夸张地大叫起来，逗得其他人开怀不已。就这样，他们一路摔、一路爬、一路高歌、一路欢笑，将通信设备送到了山顶，如期安装。

望谟第一批电信普遍服务试点项目验收成功那天，杨正旺无比自豪："这些杆子就是我们一根根抬上山的，有了它们的守护，乡亲们的日子会一天比一天好！"

望谟的孩子通过宽带网络观看丰富的节目

付出真心破难题

电信普遍服务工程建设中,最难的还不是来自恶劣自然环境的挑战,而是施工协调问题。

"不许从房屋屋檐经过、不许从责任地经过、不许从宅基地经过……"贵州移动黔西南晴隆县分公司项目小组长蒋成文提起当初建设的艰难,满是感慨。"老乡们当时的想法和顾虑,我其实很理解,所以更迫切地想尽快把网络建好,让家乡的父老乡亲们多了解外面的世界,打开视野,转变思路。"

蒋成文和同事们找到当地德高望重的老人家,从国家精准扶贫的战略规划,到电信普遍服务为村民们带来的点滴好处,一个一个问题地解释,前前后后沟通了十多次,终于得到了老人家的认可,并最终赢得了村民们的全力支持。

"不抛弃不放弃,不怕苦不歇气,沟通协调有时候确实不容易,但付出真心总会得到大家的支持。"就是凭着这种朴素的信念、可贵的坚持,蒋成文和同事们用光猫"点亮"了黔西南的每一个村落。

风雪凝冻挡不住通信建设者的脚步

善作善成
中国网络扶贫纪事

村民们用手机接通了外面的世界，打开了新的视野

|"望货出山"成就"金果"

"喂，我们今年的金煌芒已经卖完了。不过现在可以预定明年的。"黔西南移动派驻到望谟县纳王村的扶贫干部陈安纬手机上的订货电话不断。自从杨正旺带领的全业务小组成功完成望谟县117个行政村的电信普遍服务建设任务后，纳王村也走进信息致富的新天地。

纳王村是黔西南移动扶贫开发重点县结对帮扶的对象之一。2014年5月，贵州省委组织部投入帮扶资金197万元，帮助纳王村36家农户种植精品水果"金煌芒"467亩。依托亚热带低热河谷的气候优势，纳王村种植的"金煌芒"个头特别大，皮薄核小，不仅营养丰富，而且口感细腻、气味香甜。但是，因为信息闭塞，品牌打造投入严重不足，品牌效应没有形成，产品价格不高,再加上中间商压价,所以一直卖不上价。如今有了宽带网络,陈安纬带领村民们依托中国移动的网络平台,开直播卖芒果,将纳王村的金煌芒打造成了"网红"水果,一时间订单如雪花般纷至沓来。

2018年和2019年,黔西南移动支持纳王村连续开展了两期"望货出山"活动,为村民增收60多万元,甚至有的资深"吃货"2019年就下了2020年的芒果订单。"其实,老乡们一开始对种芒果能挣钱没太大信心,对在网上吆喝卖芒果更不看好。现在可不一样了,网络通了,大家的日子好了,思路也变了,现在纷纷主动直播带货呢。"陈安纬说。

纳王村的"望货出山"活动

宽带网就是致富网

山高、坡陡、谷深,石漠化面积占全县面积的62%,这就是曾被称为全国最贫困县的晴隆。

崔容江是晴隆移动分公司营销服务部主任，曾在黔西南州电视台工作过的他深知，信息闭塞是农村脱贫致富的最大阻碍之一。2017年，宽带已经覆盖了晴隆，但那会儿网络的价值还没有真正体现。他琢磨着帮助三合村开一家淘宝店，教会村民在网上销售当地特有的"晴隆羊"。

网络购物达人们可能很难想象，听说小崔要帮村里开淘宝店，村民们都不太明白，还以为要大建土木工程，劝他别白忙活了。崔容江就打开手机淘宝，一步一步操作、一个一个演示，现场下单，现场付费，给村民们打开了"新天地"。

经过村委会的同意，崔容江开始"一手一脚"地搭建淘宝店，还跑到"晴隆羊"饲养场为羊儿们拍了很多美照，把网络店铺装饰一新，并在村支书的支持下，选了村里几个年轻人专门负责网店的运营销售。怎么制定销售方案，怎么做好客户服务，怎么提升网店关注度……崔容江把平日里积累的市场营销绝招全部倾囊相授。有了淘宝店后，"晴隆羊"的销售势头大好，俨然已成了"网红羊"。

如今，三合村的农产品已经通过电商平台远销国内外。村里经营小卖铺的店家也不用亲自进城进货，通过网络足不出户就可以轻松订购货品，物流送上门，货源有了保障，小卖铺的经营效益也提升了不少。乡亲们开心地说："宽带网就是致富网，可是'网'到了不少好东西。"

突破陕甘宁"最后一公里"

六盘山，自古是关中平原的天然屏障。翻过六盘山，有西域险峻奇绝的山谷、广袤无垠的戈壁和连绵不绝的雪山。这里人烟稀少、住户分散，落后和闭塞长期困扰着当地的人民。

如今，通信人带来了变化。光纤宽带在手，网络彻底改变了六盘山以西地区贫穷闭塞的面貌。从"村通工程"到电信普遍服务攻坚战，通信人迈着坚实的步伐，将宽带网络通向了地域更加偏远、人烟更加稀少的山区。

一条条光缆正在飞速接入农村家庭，一张张网络正载着信息来到每个农民手中，网络正让广袤西部焕发出新的生机和活力。

把光纤拉到雪域高原

位于甘肃西南部的甘南藏族自治州是中国十个藏族自治州之一，是国家级深度贫困地区，也是全面建成小康社会进程中最难啃的"硬骨头"之一。

玛曲位于甘南藏族自治州的西南部，"玛曲"在藏语中意为"黄河"。这里是典型的发展滞后区、稳定敏感区、连片贫困区，自然条件十分恶劣，全年"不是在冬季，就是大约在冬季"，除青稞、燕麦等高寒农作物外，连小麦都无法成熟。由于缺乏支柱型产业，半农半牧的生活使得当地群众始终处于贫困状态。加之高原疾病的困扰，玛曲县人均寿命比全省平均水平短 8～10 岁。

如何打破困局？用信息通信网络搭建与外界沟通的桥梁，打通农牧民致富之路。于是，在这片高原之巅、雪线之下，一场电信普遍服务的攻坚战打响了。

七仙女峰，一个令人神往的地方，但这里却是九曲黄河在玛曲境内回旋最直观的区域，连绵的九座小山峰让黄河生生围着山绕了个圈。七仙女峰海拔4200米，山高、坡陡、地势险要，这是交通要道，但也是信号盲区。解决此处的基站建设问题是摆在甘肃电信建设者面前难以逾越的一道坎。需求就是命令，山太陡，建材和木杆扛不上去，就用绳子一米一米往上拉。爬坡一身汗，山顶透心冷，凛冽的寒风将湿透的衣物吹成了冰雪铠甲。条件的艰苦并没有拖慢通信建设者的步伐，执着的通信人用钢铁之躯竖起了铁塔，用冻僵的双手架起了杆线。

尕玛梁，是玛曲连接州内的唯一通道，也是进入玛曲的第一座高山，海拔4200米，山上常年大风不停，是典型的风口区域。在尕玛梁的网络建设中，坚硬如铁的冻土层是施工的最大障碍，钢钎砸在地面如同坚石。地基挖不开可不行，通信人就捡拾牛粪煨火消融，一寸一寸往下刮，周而复始，终于完成了开挖工程。铁件拉不上来，牛驮肩扛往上转，半个月的时间，加固的崭新铁塔耸立在了高山之巅。

网络畅通了，信号增强了，通信人用使命和责任架起了村民沟通世界的桥梁。

欧拉秀玛坐落于黄河之滨，与青海省大武乡隔河相望，距离县城100多公里，道路颠簸，单程就要花费将近4小时的时间。牧民定居点建起来了，电也通了，但网络问题迟迟无法解决。投资大、工程难度大、杆线长和投资回报率低是摆在面前的现实问题。

国企的责任和担当如何彰显？"只有撸起袖子加油干是唯一选择！"通信人翻山越岭，开始了紧张的施工。沼泽地的蚊子毒性大，白天叮咬的地方一夜之间肿成了馒头，施工帐篷里白天闷热难耐，晚上冷得让人瑟瑟发抖。通信人克服重重困难，百公里的杆线建设，让参与的每一个人手指严重变形，每一个人的肩头都烙下了厚厚一层血痂，缺氧的脸庞变成了黑红色，他们比起同龄人看起来更是苍老了许多。糌粑饼子的饮食让肠胃极度不适，许多队员患上了痢疾，但是，想到早一天打通信息公路，早一天让农牧民摆脱贫困，他们硬是坚持了下来。

经过 20 多天的奋战，欧拉秀玛群众家里的百兆宽带开通，看上了高清网络电视，群众沸腾了，这个多年闭塞的高原村落里的乡亲们欢呼着，雀跃着，搭起篝火，跳起欢快的锅庄舞，端起甘醇的青稞美酒，献给这些为他们打开幸福之门的通信人。

甘肃电信技术人员对甘南境内卓合高速二级干线光缆线路安全隐患进行防范整改

托起高原牧区的希望

青海省玉树藏族自治州囊谦县多改村，坐落在海拔 4300 多米的青藏高原腹地，地处偏远，常住人口较少。多改村小学有 50 多名师生，学生都是附近 20 多公里内牧民家的孩子。由于牧民居住分散，大多数孩子都在学校寄宿，有的孩子常年住校，一年只能见到父母几面。

人走马驮、口口相传，村小学的师生和周围约 30 户近 100 名牧民，就是靠这些方式保持着联络，而距离最近的通信网络覆盖区域，则在 18 公里以外。

2017 年 9 月，随着青海联通"玉树州囊谦县多改村信息扶贫项目"竣工，多改村与外界联系的通道终于顺利打通。同时，青海联通公司给多改村小学建设的"班班通"智慧教学系统也投入使用。

多改村海拔高，自然环境恶劣，高寒缺氧。施工现场交通不便，雨雪天气的多发也给施工造成了极大障碍。然而，恶劣的自然环境并没有阻挡网络的覆盖。建设者们克服高原反应、低温、大风、陡坡等困难，在海拔 4300 多米的高原上，硬是靠人拉牛驮的方式铺设了 20 公里的光缆，架起了一座 4G 移动通信基站，安装了一套"班班通"智慧教学系统。

高速宽带网络和 4G 移动通信服务开通的那一刻，学校师生和周围的牧民开心地笑了。

2017 年 9 月 28 日，在中国国际信息通信展览会上，时任中央政治局委员、国务院副总理马凯，通过中国联通百兆光纤网络与多改村实时视频连线，牧民和师生代表向马凯汇报了通信网络给他们的生活和工作带来的巨大变化。

据牧民们讲述，过去打个电话要到 18 公里以外的地方才有手机信号，这给他们做生意、卖畜牧产品等带来很多麻烦。而信号通、电话通让他们脱贫致富的信心更足了。

"以前这里的牧民群众对外边的畜牧产品价格掌握不准，而外面的商人又不愿意来这里，所以畜牧产品总是卖不出好价钱。"牧民们说，"一部小小的手机便知晓山外世界，而'班班通'数字课堂丰富了学校授课内容，先进的数字教学设施连接着发达地区的优秀教学资源，让村里的孩子能与大城市的孩子享受同样的教育。"

在多改村支教的志愿者说，网络给多改村带来太多变化，通过智慧教学系统，很快就能找到适合的教学资源，孩子们也很喜欢这种网络学习方式，"从他们的眼神中，你可以感受到对知识的渴望和尊重"。

青海联通建设者在雪地上跋涉，准备架设网络，为贫困地区打通信息之路

用网络揭开"世外梨源"的面纱

南长滩村位于宁夏回族自治区中卫市沙坡头区迎水桥镇，地处宁夏、甘肃交界处，因黄河黑山峡冲刷淤积形成狭长河滩地而得名。1000多亩的河滩上，从河岸到村庄，分布着农田和有几百年历史的梨园、枣园。

群山环绕使得南长滩村几乎与世隔绝，它成了"世外梨源"，信息化网络还没有覆盖到这个神秘的古村落，极差的网络环境难以匹配"全国历史文化名村"的美誉，也阻碍了乡村旅游的发展。

电信普遍服务工程让村落与世界有了连接，宁夏电信经十余次现场勘查，与甘肃景泰县政府积极协调，投入300万元，从甘肃地界跨黄河施工布放架空光缆，全力解决了宁夏中卫南长滩村100多户、甘肃北长滩村20多户人家的信息化网络需求。

2018年7月27日，南长滩村光缆接入工程正式开工。施工过程中，工作人员面对路段复杂、跨省协调、饮食不便、汛期洪水等诸多困难，不畏艰险，想方设法逐个破解。

施工队员马斌回忆，施工期间正值汛期，暴雨引发山洪，行车路段被冲毁，新建杆路被冲倒。光缆跨越黄河时，黄河水位暴涨，冲走光缆12公里、木杆60根，严重阻滞了跨越黄河的施工进程……

历经重重困难，2019年1月15日，南长滩村的光缆和网络设备终于全部开通。一根根光缆穿山跨河，高清网络电视、4G网络信号第一次覆盖了南长滩村，拉近了这个古村落与外界的距离，中卫南长滩村进入全新的信息时代。2019年2月4日，农历大年三十，南长滩村的村民第一次通过高清网络电视收看了春节联欢晚会。而此前，这里的村民一直使用卫星电视信号观看节目。

第三章 网络跨越千山万水

宁夏电信的建设者们实施光纤跨黄河网络扶贫工程，以解决中卫市南长滩地区的通信需求

"互联网连通后，解决了村里多年来通信'老大难'问题，也让更多的人通过互联网了解到了南长滩村的人文历史；村里的酸枣、梨片等农副产品也通过互联网让更多的人知晓、购买，村民的腰包一天比一天鼓。"南长滩村党支部书记拓守卿说。

30多年来，王治玉一直在甘肃从事通信基础设施建设工作。"如今的通信建设和过去相比，要求更高、难度更大。过去是把铜线拉到村子里，现在是把光纤拉到每家每户，而目前依然没通网络的村子的施工难度一个比一个大。"

王治玉所描述的正是电信普遍服务建设的难题。在贫困地区，"白+黑""5+2"连续作战是通信建设者的家常便饭。然而，群众对网络的热切期盼，给了通信人攻坚克难的不竭动力，让网络覆盖 960 万平方公里的每一寸土地，是中国通信业的使命，也是中国通信人的担当。

此时此刻，在中国西部的某个乡村，基站数或许刚刚增加了一个，光缆线路或许又增长了一公里，通信人默默无闻的奉献，正让网络离贫困地区的群众越来越近。

第四章
网络铺就致富路

从雪域高原到边陲海岛，从石漠荒地到大山深处……网络扶贫的春风吹活了曾经受困于信息瓶颈的神州山乡。

宽带通了，新出炉的惠民政策、最先进的技术信息可以直达田间地头；信息"灵"了，全中国，甚至全世界的市场行情尽在掌握之中，村民们再也不怕收购商靠"信息垄断"随意压价；电商来了，曾经"藏在深闺"的农特产品开始"名扬天下"，大田园与大市场实现了直接连通……信息链真正带动了农业产业链、农产品供应链和价值链的发展，贫困群众切实感受到——网络架起了致富桥，宽带连起了好日子！

4.1 从"下山脱贫"到"云端致富"

2020年春分时节,新冠肺炎疫情防控形势趋于平稳,福建宁德福鼎市赤溪村的村民们开始了复工复产。

一大早,吴敬早急匆匆地拿着一部新的智能手机和一张新的手机卡,准备送往不远处的村民老吴家。这个特殊的假期里,"停课不停学"线上教学在村里悄然流行,作为福建移动赤溪光宽带服务中心的业务员,吴敬早几乎每天都穿梭在村里,为大家提供移动业务服务。

1984年,《人民日报》头版刊发题为"穷山村希望实行特殊政策治穷致富"的读者来信,赤溪村下山溪自然村的贫穷状况见诸报端,引起了党中央的高度关注,一场波澜壮阔、旷日持久的反贫困事业由此发端。赤溪村被国务院扶贫开发领导小组命名为"中国扶贫第一村"。

30多年来,通过就地扶贫、造福工程搬迁扶贫、整村推进扶贫开发等系列举措,赤溪村实现了从穷山村到小康村的华丽转变,做到了"摆脱贫困"。

2016年2月19日,习近平总书记与赤溪村的村民们视频连线,对赤溪村和宁德的扶贫开发成果给予充分肯定,对未来发展寄予殷殷期盼。一根网线传递着习近平总书记对赤溪村群众的深切关怀,也承载着赤溪村30多年砥砺奋进、摆脱贫困的历史变迁。

近年来,通信人秉承"滴水穿石、弱鸟先飞"的闽东精神,着力加强整村网络基础设施建设,让村民共享"互联网+"的科技红利,助力赤溪村实现从贫困村到网红村的幸福嬗变、从"下山脱贫"到"云端致富"的历史性转变。

基础设施建设是根本

要实现村民"云端致富",基础设施建设是根本。在曾经作为"贫穷"代名词的赤溪村,信息化基础设施建设历史欠账太多,是一块难啃的"硬骨头"。

时间紧,任务重。福建移动立足"信息化不仅仅是扶贫的手段,更是脱贫的内容"的全新意识,以党建为引领,通过"派驻党员实施信息化扶贫"机制,利用企业优势缩小城乡"数字鸿沟",发挥党员力量,推进赤溪村的信息化基础设施建设,助力"贫困村"旧貌换了新颜。

"我们结合当地年轻人外出打工多、市场难拓展、网络基础设施薄弱等情况,按照'党性强、业务强、技术强'的'三强'标准,从公司市场、网络、政企三条主线中精心挑选党员,组建'和秦风'党员先锋队,派往太姥山片区实施帮扶计划,辐射带动周边片区。"福建移动长期驻村帮扶人员、"网络技术尖兵"陈立诚介绍道。

2016年10月,"和秦风"党员先锋队员组织施工人员来到赤溪村驻点建设。为加快建设进度,节省往返时间,队员们和施工人员同吃同住,换洗衣服都靠汽车配送,仅仅用了15天时间就建成了4个4G基站和256个宽带电视端口,全面实现该片区4G网络和宽带的村级覆盖。

福建移动在宁德逐步加大太姥山片区的通信基础设施建设投入。2015年,福鼎市共投入850万元建设通信基础设施,太姥山片区投入95万元,占比11%;2017年福鼎市投入3200万元建设通信基础设施,太姥山片区投入 739 万元，占比达 23%。如今在太姥山片区，中国移动的光纤已经通达 44 个行政村、144 个自然村，占全部行政村和自然村的比例均超过 45%，极大地缩小了城乡"数字鸿沟"。

近年来，赤溪村的网络覆盖率逐年提升，更多村民享受到了 4G 网络和家庭宽带带来的便利。

搭建"云端致富"的信息平台

基础设施建设打通了赤溪村信息化建设的"最后一公里"，搭建起了村民"云端致富"的网络信息平台，如今的赤溪村，家家户户电商卖茶叶等土特产，"直播""淘宝""京东"已不是什么陌生词，"互联网+"的思维在这里落地生根，产业发展思维也发生了翻天覆地的变化。而以前，这是无论如何都想象不到的。

30 多年前，"一方水土难养一方人"的赤溪村，山高路险，群众住不挡雨、食不果腹，日子过得极其贫困和艰难。别说外地人的身影，就连很多当地人都纷纷背井离乡讨生活。这些年来，搬下山的畲族群众通过发展茶叶、养殖、旅游等各产业，成功脱贫。

特别是近年来，该村按照宁德市委、市政府坚决打赢脱贫攻坚战、全面建成小康社会的目标要求，深入落实"五项扶贫机制"，全力推进"发展一批旅游产业、培育扶持一批村民创业增收项目、建设一批民生项目"等"十六个一"典型提升项目建设，致力打造"畲族特色旅游小康村"。

这些翻天覆地的变化离不开信息化建设的助力。如今，整村脱贫的赤溪村如何再上台阶奔小康？宽带网络给该村的产业发展插上了腾飞的翅膀。

"头年试养了 4000 多只土鸡，过年全卖光了。"赤溪村村委会主任、赤溪乡源农业专业合作社负责人吴贻国高兴地展示着一张张"微信订单"。他说："要是没有网络，就不可能发展电商。"

作为村委会主任，吴贻国乐当致富带头人，牵头成立了专业合作社，组织 80 多名社员，投入约 200 万元，发展林下经济。多花黄精、射干、菌菇、土鸡，不到一年时间，乡源合作社的种养事业已稳步发展。

有 20 年养鱼经验的吴伏淡从村干部的位子上卸任后，就承包了村里的鱼塘，养殖收入成为他致富奔小康的重要产业。有了网络，吴伏淡学会了玩微信，通过朋友圈推销起自家的鱼。

"我经常拍些鱼的图片、小视频发朋友圈，比如如何喂鱼、捉鱼等，大家帮我转发，我的鱼越来越有名了，销量也逐年提升。"吴伏淡说。

赤溪村山清水秀，生态优美，紧邻杨家溪等景区，随着牙赤公路等基础设施以及村中民宿的逐步完善，村里着力发展旅游业等第三产业。但"酒香还怕巷子深"，互联网很好地搭建起了赤溪和外部市场快速沟通的桥梁，改变了这里"养在深闺人未识"的尴尬处境。

福建移动尝试发挥赤溪村丰富的自然资源优势，积极探索旅游扶贫。为此，他们专门搜集全国各地美丽乡村的典型案例，制作详细的宣传方案，协助村委会开通"生态赤溪"公众号，广泛宣传赤溪的风土人情，以此带动了茶叶、土鸡、竹笋等农产品的信息化销售，让产品变商品、单干变合作、产业成规模。

此外，福建移动还通过宁德农产品自主集成品牌"三海九鲜"平台，对村民们的农产品进行品牌化包装、传播、营销，以提升农、海产品的经济价值。在"三海九鲜""赤溪村"两大平台的带动下，赤溪村全村 412 户、1800 余口人在 2017 年就实现了人均年收入 22 352 元，完成了从"贫困村"到"脱贫村"再到"旅游村"的华丽转身。

随着移动光宽带和 4G 网络的落地生根，赤溪村的脱贫果实越来越丰硕，越长越喜人，原来外出务工的村民也逐渐返乡搞起了"农家乐"和农产品销售。

2019 年，赤溪村共接待游客 27 万人次，旅游相关产业收入达 2160 万元，占全村产业收入总额的一半。大量游客纷至沓来，带动了休闲农业、农旅结合型项目的发展。全村现有果蔬采摘园 200 亩、生态观光园 180 亩、生态茶园 1500 亩、林下种养基地 130 亩、淡水养殖 80 亩、食用菌 10 亩。

村民依靠旅游业增收的路子越来越宽，从原来单纯以农为业，增加了山地农业、农家体验、餐馆住宿、旅游产品、劳务服务等多种类型的收入渠道。

眼界更宽，思维更活

扶贫必扶智。"信息化建设"不仅推动了赤溪村的产业发展，而且改变了村民们的生活方式，他们眼界更宽了，思维更活了，脱贫致富奔小康更有想法了。

但蜕变不是一朝一夕就形成的，刚搬下山的群众接受新鲜事物需要一个过程。信息化是什么？花钱装互联网电视？群众一时还没法接受。

对此，福建移动在宁德按"党员 + 村落 + 信息化"的扶贫模式，由一个党员重点帮扶一个村落，派出熟悉宽带知识、移动业务的党员，挨家挨户教会村民们使用互联网电视，丰富他们的娱乐生活；同时，为村民们免费开展致富信息宣传，进行宽带知识培训 10 期 268 人次；还通过宽带网络联系专家为村民解决种植、养殖方面的问题，赢得了村民的一致好评。

如今，赤溪村家家户户有互联网电视，上天猫、刷抖音，足不出户地开启了曾经想都不敢想的互联网生活。"养老保险、社保、医保都能通过一部手机搞定，村民也享受到了互联网政务带来的方便。"赤溪村党总支书记杜家住说。

村民邱金钗的孩子目前就读于秦屿二小，新冠肺炎疫情期间通过移动网络实现了"停课不停学"。"移动网络在我们村目前是免费的，非常方便，网络不仅在疫情期间让孩子能继续学习，平时也有助于拓宽孩子的视野。"邱金钗说，网络也让网购走进了村民的日常生活，"在淘宝上购买些日用品，现在快递能直接到村里，生活也方便了很多，这在以前是不可想象的。"

有了高速的网络，村里和城里的差距就变小了，这增强了群众对美好生活的信心和发展的底气。

"到 2021 年年底，我们将力争实现'235'，即村财政收入 200 万元、人均纯收入 3 万元、游客 50 万人次的目标，将赤溪建设成生活更加富裕、乡风更加文明、生态更加优美的畲族旅游明星村。"赤溪村党总支第一书记陈双杰满怀希冀。

和马云一起敲钟的农民卖家

纽约时间 2014 年 9 月 19 日上午，阿里巴巴集团正式在纽约交易所挂牌交易。作为八名敲钟人之一，中国农民网店店主代表王小帮见证了中国电商的上市，这真是激动人心的历史时刻！截至当天收盘，阿里巴巴股价的市值达 2314.39 亿美元，超越 Facebook，成为仅次于谷歌公司的第二大互联网公司。

同样是在 2014 年，山西王小帮电子商务有限公司注册成立。马云评价说："从大山里走出来的王小帮之所以能在全国成千上万的农民电商中脱颖而出，正是因为他热爱家乡，一直致力于推销家乡出产的绿色食品，他塑造了新时代的新农民形象。"

从打工"北漂"到淘宝店主

2006 年春节，"北漂"6 年的王小帮做了一个"软弱的决定"，夫妻俩回到了老家山西吕梁市临县木瓜坪乡张家沟。

2000 年，新婚后的王小帮夫妻怀揣着 3000 元钱，满怀和所有打工仔一样的致富梦想，第一次远离家乡，投入城市农民工的行列中。"北漂"6 年，他做过农贸市场的小贩，起早摸黑卖菜；当过土建小工，成日与钢筋混凝土打交道；做过高空作业，系着保险带悬在半空……

虽然王小帮曾凭着与生俱来的憨劲、死磨硬缠的倔劲，谈下过数家连锁大店的合作，最辉煌的战绩是获得过某品牌北京地区行业业务代表业绩的第一名，但是他一直是租房子住、不停地搬家，挣到的钱刚好能养活自己。王小帮意识到，作为一名初中文化程度的农村人，要想在大城市撑起自己的一片天地，是极不容易的。想到家乡有房有地，也为和上了年纪的父母之间不再彼此牵挂，王小帮决定回家。"我的软弱让我突然做了个决定——回家，也许家乡才有我更好的天地。"王小帮曾在网上发帖写道。

回家乡时，王小帮带了一台计算机和一本旧书——《网上开店创业手册》。2007 年的 11 月，他接通了宽带网络，注册了一个淘宝店铺，想把自己多年来买的书转让出去。"多亏在北京漂泊几年,学了一些现代化的东西。很早就想尝试一下都市人所说的网络购物。"他说,"没准真还是一条发家致富的路子。"

经过研究淘宝店铺、浏览大量的网商故事,王小帮对电子商务有了更多的认识。2008年奥运会期间,王小帮的网店正式开业。他定下的策略就是"靠山吃山"——这里有满山的红枣和核桃,耕种的是五谷杂粮。产品的卖点是绿色、自然——附近村民种地多用农家肥,随着各村养殖户的增多,鸡、牛、羊等的粪便做的肥料十来元就能买一车,而且还包运到田间地头。处在起步阶段的王小帮认为,这是自己的农家店几乎唯一的优势,"现在不光城里人,农村人也更讲究健康生活的品质了。那么,绿色、无污染、无公害,就是我最大的卖点。"

通过努力学习,他掌握了修饰图片、描述商品等方面的技能,拍摄了大量当地风土人情的图片,还特意把一家三口的照片放到网店上。王小帮希望让客户从另一个侧面来了解他,感觉出他是在很用心地打理自己的店铺。王小帮的淘宝店以"我+我的村+照片"的店铺模式,获评2009年度淘宝网"十佳创业先锋奖"。

2009年7月,王小帮参加CCTV-2的《青年创业中国强·2009创业英雄会》大型晚会,马云担任王小帮的创业导师。王小帮请教的创业问题是:"我看到有好多卖家一个月销售额能到十万元,有的甚至几十万元,我怎么做才能像他们那样呢?"马云的回答是:十万、五十万元不应该是目标,而只是结果。"做好每一笔生意,每一个客户的所有评论,无论是对你的表扬还是批评,你都得认认真真地接受。"

王小帮正是这么做的。他的网店也因为产品品质有保证,虚心接受顾客的意见,积极解决各种问题,赢得了高分好评。

从小打小闹到规模经营

2010年,王小帮带领团队落户太原,2014年成立山西王小帮电子商务有限公司。当时亲友们认为他在老家开网店小打小闹还行,到大城市创业,要交房租,还有员工费用,前景不明。但是王小帮认为,随着城市居民对优质农产品需求的增多,老家出产的农产品已无法满足客户的需求。王小帮的供货商现已遍及山西七个地级市十余个县。对于农产品,王小帮要求合作农户必须坚持"无公害"。每到耕种、打理、收获的季节,他都会不定期实地查访,并抽检农产品的农药残留。

现在王小帮的业务主要分为4个方面。一是农产品的线上销售。他借助互联网平台,在淘宝店、天猫旗舰店中销售具有山西特色的农产品。为了确保产品质量,他亲自去农户家挑选所有的产品,严格把控质量关。二是农产品种植基地建设。他们在山西省各地区寻找优质的杂粮种植地,建设种植基地,与村民达成一对一的合作模式,在产品种植上严把质量关,以古代农学著作《齐民要术》为指导蓝本,优化种植过程,杜绝农药和化肥的使用,建设安全放心的种植基地。三是组建小帮农场。2015年他在太原市周边组建了小帮农场,致力于打造太原市的本地农业休闲场所,提供租地种菜、垂钓休闲、农业知识科普等活动。四是生鲜配送。以小帮农场为核心为太原市的居民提供本地生鲜配送,从五谷杂粮到蔬菜瓜果,从牛羊肉禽到蛋类,为太原市的居民送上优质放心的食材。

王小帮说:"我把现行自然农业和化学农业做了区隔,我选择做自然农业,拒绝化肥和农药,不用锄草剂和转基因种子。"王小帮自己花钱,在盂县铜炉村租了几十亩地,雇用当地村民,按照他说的方式种植,豆子地不上肥料、不用除草剂、不打药,只上农家肥。"全村人看着我是怎么种起来的,我告诉他们这样种出的粮食我放在淘宝网上能卖多少钱,比市场行情高出多少他们自己能算得出来。"王小帮说，"我从村里自己收，到现在自己种，再到和乡农进行多样化种植合作。我一直想的是，卖农产品只有先让种地的农民获益，种出来的东西才会有品质保障，通过我们淘宝店让消费者买到真正意义上的好食材，我们从中挣每一分钱才会心安理得。我认为这是一件有意义的事，田间地头、种地收粮食、淘宝电子商务，这些已经融入我的整个生活。"

从2007年开始学习开淘宝店，2015年开始学习拓展线下渠道到现在，王小帮说："我和我的伙伴们一直在努力，我和合作的乡亲们一直在努力。现实和目标永远会有很大的距离，但是我会把梦想当作一辈子的事业。"山西省农产品丰富，要想让农村脱贫，就要大力发展电子商务。王小帮的家乡吕梁市的临县和该市的兴县、岚县、方山县、中阳县、石楼县一样，已被列为全国电子商务进农村示范县；截至2020年6月，吕梁市的行政村、贫困村电子商务服务站点覆盖率均达70%以上；全市148个乡镇快递100%全覆盖。

2020年，吕梁推进信息进村入户，编织城乡电商网络；加快基层供销社便民店改造为电商体验店的进程，进一步推动"快递下乡"工程，有效地解决了农村物流配送"最后一公里"和农产品上行"最初一公里"的问题。

山西省在农业扶贫攻坚行动方案中提出，要构建"贫困户+新型农业经营主体+电商平台"等电商精准扶贫模式，衔接产需信息，有效推进农产品的网上销售。强化农产品展示展销，开展"农产品促销专项行动"，组织贫困地区农产品参加各类展示展销活动，在博览会等各类活动中设立贫困地区专区，支持贫困县发布特色农产品。2020年1—5月，山西省实物商品网络零售额达89.0亿元，同比增长20.5%，其中农产品网络零售额达 19.7 亿元，同比增长 40.2%。农村电商拓宽了农产品销售渠道，在助力农民增收脱贫等方面持续发力，促进农村电子商务健康发展。

4.3 淘宝村的春天

晚上 10 点，山东曹县县城灯火依旧，街道上咖啡厅、烧烤店、小酒吧等的灯光照亮了小县城。说着普通话的青年将夜生活带到了这里。2018 年"双 11"期间，经商务部确认，曹县的网上销售额在全国 2800 多个县区中位列第 91 名，曹县成为国内"全网销售百强县"，并与浙江临安、江苏沭阳一起，形成了国内"电商促进乡村振兴发展三大模式"。2018 年，山东省菏泽市曹县淘宝村的数量达到 113 个，这里成为全国第二大淘宝村集群，在山东省排名第一，淘宝村的数量占山东省的三分之一。

然而，这个在历史上为商汤定都之处的地方曾因各种原因长期处于贫困状况中。曹县位于鲁西南地区，是山东最为贫困与落后的地区，也是山东经济发展上的"拖油瓶"。这里交通相对落后，没有像样的实体经济。曹县过去在发展上长期处于加油追赶的状态，城乡居民收入也相对落后。

但曹县人民探索前行的脚步从没有被困难阻止过。或许，机遇总是属于有准备的人，新时代开启了曹县后来居上的通道。电商的兴起，让这个传统农业大县迅速找到了对接现代市场的广阔舞台。

大集镇位于曹县县城东南 15 公里处，乡镇之间仅有一条县级公路与外部连接，地理位置偏僻，是一个传统农业乡镇。大集镇 32 个行政村中曾有 2 个省级贫困村和 14 个市级贫困村。年轻人纷纷逃离，土地撂荒，杂草丛生。来这里上任的大集乡（现为大集镇）党委书记苏永忠，曾用白居易的一首诗描述村里的情况："霜草苍苍虫切切，村南村北行人绝。"在不到5年的时间里，电子商务改变了这个经济相对落后、地理位置偏僻的乡镇的发展轨迹，大集镇从默默无闻的穷乡僻壤一跃成为全国知名的首批"淘宝村""淘宝镇"所在地。

目前，该镇农户大都以加工制作演出服、戏装、舞蹈服等为生，全镇网店过万家，2019年销售额超过5.2亿元。远近闻名的亿元淘宝村——丁楼村年销售收入超过100万元的服饰加工户有100家，其中超过500万元的有60余家，160多家加工户成立了自己的公司。

带领农民"触网"的，是现任村支书、被称为曹县"电商鼻祖"的任庆生。20世纪90年代，任庆生为了温饱，四处给别人打工，下过煤窑，当过电工。2002年，任庆生接触到计算机后，知道有网上卖服装的，自己在了解到投资不高之后，就跟别人学着开始在淘宝网上卖衣服，一开始并不像想的那样顺利，一个月也卖不了几件衣服，甚至有的时候一个月都接不了一单生意。2005年年初，任庆生在南方旅游时发现了演出服的商机。回到家乡，他就立即进衣料和制衣设备，组织乡亲们进行加工生产。2006年，任庆生申请了一条联通宽带专线，以提高网络质量。

淘宝订单不断增加，任庆生的生意越来越火。不少村民来到任庆生这里学习，他毫无保留地将自己的经验分享给他们。在任庆生的带动下，村里20多个年轻人开始在自家民房里做衣服，依靠淘宝网出售，不到3年时间，几乎全村村民都成了淘宝商家。任庆生的"服装厂+互联网+电商"模式为贫困村打开了致富新路子，当地也成了以生产加工演出服为产业的淘宝村。

2013年，丁楼村成为曹县首批淘宝村。据曹县电商办介绍，2018年，曹县淘宝村达到113个，与浙江义乌一并成为"超大型淘宝村集群"，全县电商交易额突破 450 亿元。电商带动全县 20 万人就业，全县 2 万余人实现脱贫。12 个省级贫困村发展为淘宝村，实现整村脱贫。

2019 年，任庆生的表演服饰产业电商销售额达 3000 多万元，不仅打通了国内市场，就连新加坡、马来西亚、澳大利亚、美国等国外的客户也纷至沓来。任庆生说："这些都得益于互联网，特别是近两年生意风生水起，更要感谢联通开展光网改造，网速大幅度提升，我才能这么容易地赚到大钱。"

在淘宝村，村民通过光网宽带走上致富路的案例如雨后春笋般旺盛生长。互联网的革新再造为广大村民创新、创业提供了强大支持。"以前用 ADSL① 的时候，偶尔会断线，网速慢的时候有卡顿，我们与客户的沟通不顺畅，对生意也有些影响。现在升级到光网，已经没有这些担忧了。"丁楼村鼎鼎制衣有限公司的老板丁培玉说道，他是村里较早接触电子商务的人。

在丁楼村，330 户家庭中 90% 以上开设了淘宝网店。在该村的辐射带动下，周边村庄有近万名村民从事服饰加工行业的工作。如孟庙村村民孟庆珍安装联通光网宽带 12 部，通过淘宝网店，其产品不仅在国内畅销，在国外同样卖得不错，年纯利润达到了 200 万元。

刚刚开始做网上销售的时候，村民需把服装拉到镇里甚至县里去邮寄。现在，曹县乡村主干道已由过去的 4~6 米全部改造为 6~8 米，可以双向跑车，国内有名的物流公司全都到曹县各乡镇设点，大集镇、安蔡楼镇、闫店镇等 5 个乡镇甚至村村有快递点。曹县较早实现了光纤与无线结合，互联网宽带村村覆盖。大集镇由此成为山东省第一批宽带光纤改造乡镇，光纤入户数从 2013 年的 1314 户上升到 2018 年的 8000 多户。

阿里研究院的最新数据显示，2019 年，曹县以 124 个淘宝村继续稳居全国县域第二大淘宝村集群。在全国层面，除了 4310 个淘宝村，淘宝镇达

---

① 即 Asymmetric Digital Subscriber Line，非对称数字用户线。

到 1118 个,"淘宝村集群"达到 95 个。

现在的丁楼村里显露出各种新奇的现象:网速比上海的还快;年轻人忙着做淘宝生意,没心思"吃鸡";老年人"一指禅"敲计算机;姑娘的嫁妆不是金银首饰,而是淘宝店铺、天猫店铺。

"多多农园"故事多

2019 年 3 月,胡老德一直在为咖啡豆的销售发愁,村里 40 多吨咖啡豆因故滞销,他多次下山询价,每次都失望而归。10 年前,60 岁的胡老德翻过高黎贡山,从云南怒江州迁徙到了保山市潞江镇的半山腰,这里归属于丛岗村,880 余名傈僳族人跟他一样,也先后搬下了山。

高黎贡山地处保山境内,既是 7 个少数民族世世代代的居住地,也是著名的小粒咖啡豆的发源地。2010 年,胡老德租下 20 亩斜坡山地,和族人一起种植小粒咖啡豆,这也成为他们的主要收入来源。但自 2014 年以来,云南咖啡豆价格持续走低,收购价较高峰期暴跌四分之三,当地出现了咖啡树遭大面积砍伐、成熟咖啡豆烂在树上无人采摘的现象,咖农的生活无法得到保障,不少年轻人外出务工。

2019 年 4 月,拼多多创新的扶贫助农项目"多多农园"首站落户云南保山。该项目旨在打造产、销、研、加工于一体的现代化农业产业链系统,实现有利于农户的利益分配格局,创造一种可持续的创新型电商扶贫兴农模式。

在丛岗村,"多多农园"不仅溢价收购了包括胡老德在内的 501 名建档立卡贫困咖农的咖啡豆,还带来了农研队伍、培训团队及加工厂,而且通过打造标准化扶贫示范基地，带动农民推动小粒咖啡豆的标准化、品牌化和品种化，从源头上发起了一场"咖啡豆变革"，改变了云南咖啡产业面临的严峻局面，让贫困户率先享受到了产业升级的红利。

值得关注的是，在"多多农园"推动建立的"新农商"机制下，咖农的身份也在发生变化，逐步由传统小农变身为现代农商。"新农商"机制是由建档立卡贫困户组成的新型合作社为主，以"新农商"为创业带头人，工厂、代运营公司提供第三方服务，政府监督、平台扶持的"新农商"发展模式。在这一机制中，农民成了创业者、"新农商"。

互联网给当地农民的生活和农业生产带来了翻天覆地的变化，老百姓经历了认识网络、使用网络和应用网络三个阶段。像小粒咖啡豆这样的农产品通过互联网打破了以往的交通障碍，可以走得更远、知名度更高。

2019年4月26日，拼多多与云南省政府签署《战略合作框架协议》，助力云南特色农产品上行工作，构建种植、加工、营销一体化扶贫兴农产业链条，5年内将推动100个"多多农园"项目落地云南，培养5000名云南本土农村电商人才，孵化和打造100个云南特色农产品品牌；同时，在云南等地进行模式复制，推动1000个"多多农园"示范项目落地。

当前，中国正处于由传统农业向现代化农业转型升级的关键期，把握好质量导向、绿色导向和市场导向至关重要。"多多农园"这一基于电商平台的扶贫助农新模式，以示范性带动高质量发展，通过大数据洞察市场，以农产品为抓手推进当地绿色发展，对贫困地区的土地价值与生产力价值的提升具有一定的促进作用。2018年，拼多多实现农产品和农副产品订单总额653亿元，成为中国最大的农产品网络零售平台之一。

在脱贫攻坚和乡村振兴的大背景下，如何助力二者有效衔接、助力乡村可持续发展，是社会性问题。拼多多这一创新模式探索，以农民利益为出发点，对农产品产业链进行完善，有效实现了消费端"最后一公里"和原产地"最初一公里"的直连，不仅能为消费者提供平价高质的农产品，还将带动深度贫困地区农货上行，为当地增加可持续的"造血"功能。

如今，走进丛岗村，在村道旁就会发现这样的标识：让农人变农商，让农村有现代企业，让传统小农对接线上大市场。而在"多多农园"的带动下，丛岗村已有年轻人开始走精品咖啡豆种植加工的路子，胡老德的儿子也正计划返乡，种植咖啡豆。

"日子好起来了。"胡老德说。

同样的故事，也正在江西寻乌县上演。

"新农人"黄洪林所在的合作社主要种植赣南脐橙和百香果，面积近2000亩。受新冠肺炎疫情影响，传统经销商的卡车见不到踪影，合作社的水果没了销路。

合作社由100多户农民家庭组成，他们中很多人已步入中老年。1989年出生的黄洪林最年轻，他自告奋勇，主动担起了寻找网络销售新路径的重任。

和农户们同样着急的，还有寻乌县商务局的工作人员。他们注意到拼多多上线"抗疫助农"频道、向全社会征集各地滞销农产品的信息后，指导黄洪林提交了合作社的水果滞销信息。

两天后，拼多多助农小组联系上了黄洪林，从发货、客服到店铺美工，手把手指导。2020年2月20日，黄洪林开设的店铺成功入驻"抗疫助农"专区，很快就成交了2万多单。

3月4日，寻乌县县长杨永飞走进拼多多和央视新闻直播间，给黄洪林的店铺当起了"临时主播"，亲自为寻乌百香果代言。半小时内，拼多多直播间就涌进了超过130万名消费者，其中10万多人成为黄洪林店铺的粉丝，央视新闻全网平台也有超过 1000 万人次观看直播。村里人谁都没想到，百香果和脐橙在直播期间售出了近 5 万斤。

这次直播在拼多多平台也带动了全寻乌农产品的销售。当天，寻乌百香果、赣南脐橙等相关农产品的订单量比平时上涨了 2 倍多。

杨永飞介绍说，2019 年寻乌县种植了 6 万亩百香果，全县果业种植面积近 45 万亩，这里成为赣南果业的核心区和流通集散地，当年 4 月，寻乌县终于摘掉了贫困县的帽子。"2020 年，我们还将继续扩大百香果种植面积，预计达到 8 万亩。"

根据拼多多发布的数据，自 2020 年 2 月 10 日起，拼多多在全国率先开启了"市县长当主播，农户多卖货"的电商助农新模式。市县长直播为农产品代言，平台提供全方位扶持，加速地方农产品销售恢复及提升。截至 5 月，拼多多已经在全国 20 多个省份举办了 100 多场市县长助农直播活动，推动各地特色农产品加速对接平台 6.28 亿消费者，帮扶农户超过 35 万户。

直播带货开启扶贫新篇

一部手机、一张桌子、一堆核桃，在大山里的一户农家院里，梁倩娟正在向全国各地的朋友直播家乡的土特产老树核桃。"这些核桃都是从农户家收来，我们再精选出来的。纯天然，可以放心给孩子吃。"她一边夹核桃吃，一边回复网友的问题。

看上去像是普通农家女的梁倩娟，其实是陇南远近闻名的电商扶贫带头人和第十三届全国人大代表。2013 年，她回到家乡甘肃省陇南市徽县水阳镇石滩村,开起了网店,后来又通过短视频和直播带货打开了电商扶贫的新局面。

2019年,梁倩娟在快手平台上售出的农产品超过10万斤。她借助陇南农村电商快速发展的契机,挖掘农产品资源,将家乡土特产销往全国各地,成为带动周边群众脱贫致富的中坚力量。

向上千人传授直播带货

"我更喜欢大家叫我梁掌柜。"梁倩娟说。她正打开放手机的支架,准备在快手上直播卖老树核桃。儿子看到妈妈摆好了设备,调皮地问:"妈妈你要直播了吗?"一旁的老人在开播时从梁倩娟身后淡定地走来,给她递上核桃夹。他们已经习惯了"镜头下的生活"。

直播中,梁倩娟耐心地回复网友们的问题。"核桃外壳有点黑不要紧的。这都是没有打过药的核桃。"直播结束后,她和团队马上打包发货,一直忙到夜里12点。

直播带货是2019年电商行业最炙手可热的关键词之一。商业嗅觉敏锐的梁倩娟发现了短视频和直播的潜力。于是,她在快手上发布了第一条短视频,记录了她去北京参加全国两会的见闻。之后,在一场扶贫电商活动中,她的快手直播间同时有上万人在线观看。这是她以前

梁倩娟在院落里、阳光下直播卖核桃

不敢想象的。

2013年年底，梁倩娟辞掉广州的工作回到家乡开始做传统电商，把农产品变成了村民们实实在在的收入。现在，全村人都知道了短视频和直播为何物。当我们问她是否引领了当地电商潮流时，她自豪地回答："我真的敢这么说。在陇南1万多家网店里，我们向上千人传授了怎么直播带货。"她告诉身边人不要只盯着一个销售渠道，线下如农展馆，线上如快手，都可以把产品卖出去。

通过在快手录短视频和直播，梁倩娟积累了近13万粉丝。相比图文，短视频和直播更加真实、直观，能在短时间聚集海量需求，迅速消化大批量的当季农产品。梁倩娟在快手上平均每天有上百个订单，多的时候达到上千单。

梁倩娟刚开始做电商时，村民们都不理解，觉得她"不务正业"。直到后来她通过互联网把土特产卖出更好的价钱后，大家才对她投以信任的目光。当梁倩娟向村民们普及如何直播卖货时，村里人马上就接纳了。短视频平台大大降低了卖货的技术门槛。村民们不需要费心写文案、拍照片，拿起手机就能展示最真实的货源。唯一需要克服的困难是害羞，因为很多人不敢长时间直面镜头。但慢慢大家也都习惯了，还勇于在平台上展示自我。梁倩娟的丈夫就经常在快手上发自己唱歌的短视频以吸引粉丝。

边收购边下单，开创扶贫新模式

2019年的一天，梁倩娟收购核桃回来，发现家门口留了一张纸条。村里一位老人给她留言说自家有品相不错的核桃，请她过去收。"老人家字写得很漂亮，我专门拍了下来。"梁倩娟回忆说，老人种了10亩核桃，他愿意把自己一年收的核桃交给自己，这让她很感动。同时梁倩娟也感到自己的社会责任更重了，她一个人就辐射带动了周边 300 多户群众发展，其中包括 100 多家贫困户。她一直在研究以何种方式更好地扶贫。

去农户家收购农产品是梁倩娟的一项重要扶贫工作。这是个辛苦活。梁倩娟通常和她的团队一起，四五个人开着皮卡去农户家收购，风雨无阻。她还探索出了收购农产品的新玩法——边收购边直播。

一次，梁倩娟来到一家贫困户家中，看到夫妻俩都没有劳动能力，就主动把收购价格提高了一点。梁倩娟想着干脆边收购边直播，她将镜头对准了夫妻俩居住的房子，介绍了这家人的情况。让她没想到的是，直播间里的网友纷纷评论，希望把价格再提高一点。很快，核桃就被网友买光了。夫妻俩看到网友们如此热心，感动得热泪盈眶，这七八袋核桃对他们而言，是一份挺不错的收入。

把收购来的农产品卖出去，并且卖出更好的价格，是梁倩娟一直在努力的事情。其实，各家各户有什么农货，目前市场上哪些产品是"爆款"，她心里都很清楚，并且能很好地进行匹配。

北方地区的冬天很干燥，人们容易上火。刚好农户家里有清热、降火的蒲公英茶，产品一上架就卖得很好。有时候，农户会送来一筐鸡蛋或者一袋银杏果，量太小了无法上架，但她也会收购，把这些土特产当作赠品送给下单的顾客。

梁倩娟自己还创新了直播慰问的扶贫新模式。2019 年 12 月，当地政府组织扶贫干部下乡慰问 15 家贫困户。梁倩娟拿出在快手平台销售农产品的一些利润，买了一些棉被和米、面、油，送给贫困户。她将这一过程通过直播展示给了众多关心基层扶贫的人们，当天的直播吸引了超 10 万人观看。梁倩娟在直播中展示了贫困户家里的情况，看到有不错的农产品就当场叫卖，这些农产品被迅速卖光了。

梁倩娟在快手上用短视频发布的寻找蜂窝蜂蜜、村民采摘柿子的场景

当地的慰问扶贫落到了实处，千里之外的热心网友也能通过购买农产品贡献出自己的力量。由此，梁倩娟的"直播慰问"在当地广受称赞。

培养市场意识、发展特色产业，扶贫更进一步

梁倩娟是陇南市最早做短视频和直播的，也是做得最成功的。当地政府组成专门团队，调动各方资源，在视频制作、直播技能等方面，对梁倩娟

的陇上庄园等电商扶贫企业进行指导和扶持。梁倩娟是身边活生生的例子，她的粉丝量和销售额所有人都看在眼里，市里经常问她要数据，希望对广大村民起到鼓励示范作用。

梁倩娟也到处向人推荐直播这种推销方式，她劝说局限于传统电商的农户注册快手账号。截至2020年3月，陇南市快手短视频活跃用户近万人，粉丝数达10万以上的用户有40多个。

陇南市的许多人和梁倩娟一样因短视频转变了发展思路。如快手中拥有45万粉丝的短视频"网红"、成县"鸡司令"尚育康，借助网络的力量出售自己养殖的"贵妃鸡"；宕昌"党参西施"王朋艳创办了农民专业合作社，养殖土蜂，经营农产品加工销售，通过拍摄短视频来吸引粉丝、开拓渠道。

梁倩娟认为，产业发展是扶贫工作的重中之重。陇南农民因为直播培养起了市场意识，通过这一方式他们能更直观地感知用户需求，从而提供适销对路的产品和服务。

据张雷雨介绍，陇南礼县的苹果在快手畅销，激励了当地苹果产业的发展，还推动了"礼县苹果"这一品牌的形成。现在陇南农民打开了思路，只要是优质的农产品都可以拿出来直播，如武都的花椒、宕昌的中药材、成县的核桃等都成了"网红"。

年轻人从大城市回流到乡村，让乡村振兴有了新希望。梁倩娟10余人的团队里，大多数都是"90后"。陇上庄园的"90后"总经理小乔就曾是一名在大城市金融机构上班的白领。"家乡没有大城市的压力，自己做的事情又能实实在在为家乡做贡献。"小乔说，"通过电商，我在家乡能过上比在城市工作更有盼头的生活。"

正因为无数个"梁倩娟"的努力，陇南电商扶贫被评为全国产业扶贫十大机制创新典型案例。据统计，陇南市开办的网店约 114 000 家，销售总额达 180 多亿元，带动了 22 万人就业。2015—2019 年，电商扶贫对当地贫困户人均收入的贡献节节升高。2019 年，梁倩娟所在的徽县摘掉了国家级贫困县的帽子。

2020 年是脱贫攻坚的收官之年，科技在精准扶贫和乡村振兴中发挥着越来越重要的作用。随着智能手机的普及和直播技术的发展，短视频平台更进一步打通了销售渠道，成为农村电商发展的"新火车头"。

4.6 搭上电商快车的"皮山礼物"

2019 年 1 月 8 日深夜，历时 6 天 6 夜，行程 5000 多公里，一辆满载着 20 余吨新疆皮山县扶贫农产品的大货车在蒙蒙细雨中驶入江苏省南京市富春江综合大楼，这批扶贫农产品将通过电商销售方式走进江苏市场，继而走入千家万户……

"现在装了多少箱，一定要清点清楚，咱们一定要保证准时运出。"新疆联通驻和田地区皮山县菜其买里村第一书记鲁永平叮嘱皮山县沃赛起农村电商专业合作社总经理阿卜力米提·麦麦提，而就在两年前，阿卜力米提还只是村里的一名建筑工。

｜职业的转变

"感谢工作队让我实现了职业的转变，现在我可以带动更多村民就业，我相信我们通过电商会走得越来越远。"阿卜力米提感恩的工作队就是由鲁永平带领的驻村工作队,他们来到国家级贫困县的深度贫困村菜其买里村,就是要为当地村民找到一条可持续发展的脱贫致富路。

那么工作队是如何搭建起"电商快车"的?阿卜力米提又是如何与工作队结缘的?

菜其买里村有370户1540人,人多地少、就业技能缺乏等因素制约着该村的发展。工作队细致地入户走访、反复调研,发现受信息渠道少、市场等因素限制,当地农产品存在销售困难、销售价格低等问题。

经过研讨,工作队认为解决好当地绿色天然的农产品的滞销问题,是保持农民农作积极性的关键,能够有效地帮助当地贫困人口脱贫致富。而成立农民专业合作社,利用电商平台拓宽农产品的销路,增加农产品的附加值,则有可能是实现贫困人口稳定脱贫的主要路径和长久之策。

于是,工作队结合当地实际,决定采用"围绕预购产品订单+农副产品精深加工企业+种养业合作社"的模式进行运营,初步形成由新疆联通牵头、村委会落实、农民参与,调动贫困人员通过自身努力脱贫致富积极性的新思路。同时,利用新疆联通体制优势、行业优势、创新优势,通过企业内部员工订购、京东电商销售等方式,扩大当地石榴、核桃、红枣等农产品的销售。

路子想好了,接下来就是召集干事的人。

在当地,多年的贫困使得很多贫困群众在精神上存在一定的"等、靠、要"和"以贫为荣"的落后思想和观念,加之教育条件落后,当地群众文化水平普遍较低。

因此要想转变扶贫对象的观念,激发其脱贫积极性,就要营造"思谋脱贫、主动创收、勤劳致富"的正能量大环境,并通过"树典型"优选致富带头人,发挥带动作用;"树信心",重点宣传扶贫政策、细致地做思想工作等方式,不断激发贫困群众脱贫的内在动力,变"要我脱贫"为"我要脱贫"。

经过细致的摸底工作,村里的建筑工阿卜力米提就这样走进了工作队"树典型"的视野。鲁永平亲自上门帮他"树信心":宣传党和政府的扶贫政策,分析当地农产品的优势,讲述发达地区电商行业的发展状况。

通过引导,阿卜力米提认识到,我们皮山有那么多好东西,价格那么低,可还是卖不出去,原来是因为别人不知道,他由此产生了强烈的考察和学习愿望。

| 带头开拓

在工作队的帮助下,阿卜力米提多次外出考察和学习。2018年11月,在工作队的牵线搭桥下,他组织村民成立了皮山县沃赛起农村电商专业合作社,并担任总经理。合作社统一收购各农户家的大枣、核桃、杏干等,并组织农户对这些农产品进行挑拣、清洗、烘干,保证产品的品质。

带头人已就位,如何让村里更多的人加入进来,真正地脱贫致富?

菜其买里村的青壮年受教育程度普遍在初中以下,加之说汉语不熟练,对新兴事物了解甚少,对电商领域几乎一窍不通。鉴于这样的状况,工作队采用自己教、请专家、带出去的方法,帮助村民学习电商知识和操作技能。

2018年年底至2019年4月,工作队先后邀请西安邮电大学电商专业、新疆大学电商专业的教授来村里培训电商知识，并邀请专家针对起步阶段存在的问题进行了解答，对后续的发展进行了规划指导。此外，工作队还先后带领电商合作社骨干赴电商发达地区学习。

通过多种方式的培训，村民不仅开拓了新视野、启迪了新思维、掌握了知识技能，而且坚定了开拓电商新道路、打赢脱贫攻坚战的信心。

"核桃皮薄肉厚、红枣口感香醇、杏干味甜质软……'皮山礼物'品种多样、包装精美，得到同事一致好评，新疆干果真的很好吃！"品尝到"皮山礼物"的江苏李女士在电话里说，她准备再订购 8 盒干果礼盒，春节时送给亲友。

从新疆到江苏，合作社的农产品成为"皮山礼物"被送达李女士的手中，这个故事要回到本节开头的场景。

只有确保把当地的扶贫农产品卖出去，确保农民有稳定的收入，才能保证农民对电商扶贫的积极性，才能保证电商扶贫的路能够走得通、走得实。

为了开拓销路，2019 年 1 月初，工作队带领合作社分两批向中国联通江苏分公司发运了 11 016 箱共计 55 吨、价值 184 万元的扶贫产品"皮山礼物"。江苏联通发挥自身平台优势，采取工会福利、员工购买和商城销售相结合的方式，让皮山农产品走进了江苏市场。

同时，考虑到皮山农产品可持续销售的问题，工作队和合作社努力在品牌、包装上做文章。这些无公害特色干果都产自皮山，采用"皮山礼物"这个品牌作为伴手礼盒销往各地。外包装箱上不但印有"皮山礼物　精准扶贫"字样，还印制有二维码，消费者只需扫码就能自动链接到中国联通 116114 电商平台。这样就打通了农产品供应链条，形成了农产品"从田间到餐桌"的全链条联动。

大订单的签订也让合作社越发干劲十足。"我们6个农民成立了合作社，带动了60余人在家门口就业，每人每月可收入1800元。这笔订单，我们能有8万元的纯收入，我们合作社每人差不多能分红1.3万元。"阿卜力米提开心地说。

新疆联通利用116114电商平台销售农产品，设有人工专席，为订购农产品和售后服务提供支撑，村民足不出户就可以让家里的农产品搭上电商快车销往全国各地。新疆联通还倡议全疆员工借助微信朋友圈、微博、抖音等各平台推广，员工们一些远在重庆、安徽、北京、天津的亲朋好友也都纷纷订购。

收获信心

通过一段时间运营，合作社农民都有了收获，更加坚定了靠辛勤劳动走电商脱贫之路的信心。

为了能让沃赛起农村电商专业合作社得到更多的政府支持，不断扩大品牌影响力，工作队积极协助合作社在内地寻找销售合作伙伴，联系内地仓储。工作队还指导电商合作社不断增加产品种类，提升产品质量。从原来单一的红枣、核桃、石榴逐步扩展到大芸、雪菊、枣夹核桃等，商品的附加值得到大大的提高。

2019年4月，在菜其买里村与城区交界处建成了400平方米的电商加工车间，提供了12个就业岗位，帮助7名贫困户成功就业。2019年6月25日，新疆电视台的记者还专门来到菜其买里村的电商加工车间，对深贫村如何利用电商解决妇女的就业问题进行了采访和专题报道。

"现在，我们还帮助周边乡镇，收购它们的农产品呢，新的一年让我们共同增收致富过好日子。"阿卜力米提坚定又自信地说。如今,合作社的村民都信心满满,他们也坚信,有一天,村里的"皮山礼物"会走向全国、走向世界。

4.7 农产品"飞"进城

2018年4月的凉山州,林木青,樱花红。

这天中午,在村幼教点当老师的方忠群下班后,就急忙带上几斤干的羊肚菌,骑上摩托车,跑了近3小时赶到县城,交给妹妹方忠月进行包装,最终掐着时间赶上了当天物流公司的发货派送,姐妹俩这才松了一口气。

就这样,这些羊肚菌乘着电商平台的"翅膀","飞出"大山,"走进"城市。在无数像大凉山一样的偏远贫困地区,电商平台把最新的商品带进乡村,把农特产品送进城市,在城市与贫困乡村之间架起一座"致富桥"。

▎羊肚菌"飞出"大凉山

方忠群所在的四川凉山州木里藏族自治县西秋乡日布佐村,家家户户历来都有种植花椒、核桃等经济作物的传统,由于这里海拔高、无污染,农作物的品质非常好。近年来,这片地区又先后发展了芸豆、中药材等种植产业。但与无数偏远地区的小山村一样,地处大凉山腹地、山高路远的日布佐村,外面的客商不愿来,村里人出去不方便,辛苦种出的农特产品最愁销路。

"村里人非常勤快,也很能吃苦,年轻人绝大部分都出去读书或者打工挣钱了，除了逢年过节外，很少能看到跟我同龄的人。"方忠群2014年大学会计专业毕业后，在成都工作了一年半，被亲戚叫回村里帮忙销售药材。由于年轻没经验，药材销售并不容易。因此，她专门参加了幼师考试，成了村里的一名幼师。

2018年3月9日，日布佐村在中国电信天虎云商上的网店正式投入运行，方忠群成为村里益农信息社和村电商平台的代理人，专门负责羊肚菌线上线下销售。"平台上线运行的时间恰好是羊肚菌开始采摘上市的时候，一个多月的时间，在网上以680元/斤的价格销售了60多斤，销售收入4万多元。"方忠群说。由于羊肚菌是高端消费品，价格贵，单个订单的需求量并不大，但几乎每天都能接到订单。

在木里县，益农信息员正在教村民如何销售羊肚菌

线上的宣传推广带动了线下的销售。到当年 4 月底，日布佐村 40 亩基地已生产 320 斤干的羊肚菌，实现线下销售 240 多斤，因品级不同，且受市场行情短期波动的影响，价格为 400～600 元/斤，线下销售收入超过 12 万元。

方忠群坦言，代理村里的电商平台，帮村里的种植户销售，其实是个辛苦活儿。日布佐村离县城有上百公里，每当接到订单，她都得骑着摩托车抄近路骑行一段 20 多公里的毛坯路，交给在县城工作的妹妹方忠月包装发货，自己必须趁天没黑往回赶，好几次都差点因路况不好出了意外。

"总感觉每天的时间不够用，但跟以前找不到销路、有东西卖不出去相比，完全是两个概念。"方忠群说。

在筹建电商平台期间，方忠群得到了各方力量的大力帮助。天虎云商带来了一整套"互联网+"服务，免费帮其解决线上开店、产品上架、美工集成、一村一页设计，甚至包装盒外观设计等工作，让她只需安排好筹集货源、保障产品品质、发送物流等简单环节，就能顺利上线运行，大大降低了开网店的门槛。

其实，日布佐村在产业发展中面临的问题，也是木里县上百个偏远山村同样面临的问题。贫困地区之所以穷苦，根本原因在于地域偏远、信息闭塞、人才缺乏等，老百姓增收的底子薄、路子窄、瓶颈多、抗风险能力弱，容不得走弯路。如今，日布佐村的特色产品能通过电商平台走出大山，那么，其他村子的产品也能。

天虎云商最大的价值在于对偏远贫困地区农特产品的宣传推介作用，线上线下齐带动。当地的扶贫干部说："木里的优势是生态环境好，农副产品的品质好，短板是藏在深闺无人识，借势天虎云商，依托其强大的互联网推送能力，直接连接生产者和消费者，很多像日布佐村这样的村子，就能跳出长久以来无法打破的发展藩篱。"

2016年以来，木里县新发展羊肚菌基地800亩，通过天虎云商进行资源整合，极大带动了线下渠道的销售，很多大客户直接与木里的几家销售门店对接，合计带来80多万元的销售收入。

在四川，天虎云商承接了农业农村部"全国信息进村入户总平台"的开发和运营工作。线上加载了四川涉农特色信息化应用，覆盖公益服务、便民服务、电商服务以及培训体验等功能，向300多万农户提供了服务；线下在四川全省建成3万多个益农信息社，培训信息员约4万名。益农信息社已成为政府和行业沟通的桥梁，益农服务能力向广西、贵州、青海等省区输出。2018—2019年，通过天虎云商组织的农特产品网，农副产品的销售额达3.77亿元，其中贫困县的农副产品销售额近8000万元。

中国电信的天虎云商在广大贫困地区建立农产品直供基地，助力农产品"触网"销售

"照金模式"开辟电商新路径

在铜川市耀州区瑶曲镇电子商务服务中心,一位刚刚拿到快递的年轻人很是高兴:"以前取快递很麻烦,要费大半天时间,还要向代收点交钱。现在快递上午到镇上,下午我去王娟那儿就能拿到,关键是还不用交代收费!网上买的电饭锅比我们去县城买的便宜几十块呢。"

年轻人口中的王娟是瑶曲镇电子商务服务中心的负责人,大学毕业后回乡创业的她看中了农村电商的发展潜力。帮农民网购商品收发快递,将村子里的山核桃和土鸡蛋放在网上销售,帮村民转账、购买保险、办理电信业务、开展就业培训……王娟和丈夫忙得不亦乐乎。平台上线一年多,王娟夫妇不仅每个月有了近万元的收入,还为村民提供了便利的生活,并先后帮助18户村民通过电商平台售卖农产品,实现了收入增长。"今后我们还会增加就业培训,提供创业资讯等服务。"王娟说。

与大多数电商平台单纯提供商品下乡、农产品进城的产品流通服务不同,王娟的电商服务中心不仅提供线上服务,还提供完善的线下服务,服务中心已经变成了一个集电信业务办理、电商平台运营、快递收发、金融业务办理等于一体的综合信息服务站,线上有电商平台、线下有体验展示馆。这是从当地人口中的"照金模式"学来的。

照金镇的电信营业厅里人气旺盛

提到"照金模式",就不得不提一个人:中国电信铜川分公司总经理老延——延彦斌。老延是个闲不住的人,平时爱学习,好琢磨。2015年,老延带着员工前往宁夏学习,与当时西安邮电大学经济与管理学院院长张鸿不期而遇。老延从张院长那里了解到全国农村电商的发展现状,其中一些观点和他的设想不谋而合,他的思路一下子就被打开了。从宁夏回来后,老延就一门心思地谋划在铜川做农村电商,想在帮农民闯出脱贫致富路子的同时,促进电信业务的进一步发展。"现在国家提倡搞农村电商,我们作为通信运营商有便利的条件,做这件事情既响应国家号召,又能帮助贫困山区人民脱贫。"

"农民有好东西不知道卖到哪儿去,城里人想买纯正的绿色农产品,不知道去哪儿买。"老延在对农村电商进行调研时发现,农村的商品流通环节不通畅,导致了农产品的价值很低,严重挫伤了农民生产的积极性,要做好农村电商,首先就要解决这一问题。

说干就干。经过多方努力,电子商务服务站在农村开始试点。电子商务服务站是一个集电信业务、金融业务、网络代购、物流货运、快递收发、电子商务培训、保险受理、农产品销售于一体的服务中心,服务站可以实现农民的四个"不出村",即"买卖不出村、办事不出村、金融不出村、创业不出村"。

试点不断改进,具有铜川特色的"逛集网·照金商城"建成了。这个商城致力于打造全铜川的电子商务平台,专注于原产地直供基地+平台体系建设,努力打通"农产品进城,工业品下乡"的双向通道,最终形成以线上品牌中心+线下体验展示馆为主,以各级农村电子商务服务站为服务网络的照金电子商务模式。

电子商务服务站在农村试点

2016年5月15日,在2016丝绸之路国际博览会上,参展的"逛集网·照金商城"成为第20届中国东西部合作与投资贸易洽谈会上耀州区的一个亮点项目。试点的一年里,"逛集网·照金商城"已经整合乡镇企业及龙头企业50余家,培养创业人员两万余人,带动社会就业300余人;销售苹果30吨、樱桃25吨以及核桃、玉米糁等农副产品10吨以上,"逛集网·照金商城"的交易额达到1000万元。同时,"逛集网·照金商城"耀州区试点工作的持续推进也取得了阶段性进展,线上、线下交易额达300多万元。

2016年,为了不让儿子成为留守儿童,李增涛放弃了外出打工的机会,成为铜川市印台区陈炉镇双碑村的一名待业青年。一年后,穿着西装、开着小汽车的他,成了两个农村电子商务运营中心的老板,每月收入近万元。

李增涛站在双碑村的农村电子商务运营中心门口,信心满怀地说:"你们看着,今年的生意会更好。当然,这一切要感谢'逛集网·照金商城'!"

第五章
信息赋能惠乡村

让更多贫困群众用得上、用得起、用得好互联网，让亿万人民共享信息时代的数字红利，让人民群众拥有更直接、更实在的获得感、幸福感、安全感。

中国独创的网络扶贫行动，不仅助力贫困群众脱贫致富，解决生存问题，更推动广大群众奔向小康，破解发展难题。如今，信息的力量正在广袤乡村绚丽绽放，智慧农业、智慧医疗、智慧村务、智慧旅游、远程教育、电子商务……一幅前所未有的美丽乡村、幸福乡村画卷正在绘就。

5.1 破解"三区三州"教育难题

扶贫必扶智,治贫先治愚。教育不仅是获取知识、促进起点公平的关键,更是阻断贫困代际传递的治本之策。对"三区三州"等深度贫困地区而言,更是如此。让这些地区的孩子享受同城里孩子一样的优质教育资源,将开拓他们的眼界,点燃改变人生的火把。

一直以来,党和国家高度重视精准扶智,面向"三区三州"和其他深度贫困地区,不断加强教育扶贫等保障工作。2018年2月,教育部、国务院扶贫办印发《深度贫困地区教育脱贫攻坚实施方案(2018—2020年)》,要求多渠道加大"三区三州"教育扶贫投入,面向"三区三州"实施推普[①]脱贫攻坚行动。同年4月,教育部发布《教育信息化2.0行动计划》,明确提出,大力支持以"三区三州"为重点的深度贫困地区教育信息化发展,促进教育公平和均衡发展,有效提升教育质量,推进网络条件下的精准扶智,服务国家脱贫攻坚战略部署。

找准"病根儿",精准施策

要实现精准扶智,首先就得精准把脉,找准"病根儿"。

"三区三州"地区的贫困程度深、贫困范围广,是脱贫攻坚的"硬骨头"。在以信息化手段推进"三区三州"教育、精准扶贫的工作中,存在着不少"卡

---

① 指推广普通话。

脖子"的问题，最突出的有 3 个——"不通网""没课上""话不通"。

"不通网"——网络基础设施水平薄弱，覆盖不足、带宽偏低。一方面，截至 2018 年，全国范围内仍有 3 万所左右的中小学未联网，占全部中小学数量的 12.5%；另一方面，我国中小学校园的平均带宽水平大幅落后于发达国家，2017 年约为 58 Mbit/s，仅是美国的十分之一。

"没课上"——贫困山区普遍存在师资不足、开不了课的问题，"上好课"就更难了，贫困地区与发达地区之间存在严重的教育资源不均衡。

"话不通"——"三区三州"地区的少数民族人口占比 76%，并且存在不少直过民族②，"语言不通"在一定程度上影响了当地少数民族群众发展生产、脱贫致富，推广国家通用语言是脱贫攻坚、推动贫困人群融入全国经济社会发展大局的一座基础桥梁。

针对以上问题，信息通信业从"网络基础""教育资源""学习应用"三方面开展了大量工作，助力教育精准扶贫扶智工作高质量、高速度推进。

首先是网络基础。在《教育信息化 2.0 行动计划》提出"三全两高一大"的发展目标后，中国移动立即与教育部达成战略协议，在信息基础设施建设等方面展开深入合作。

截至 2020 年 6 月，中国移动在"村通工程"和电信普遍服务试点工作中累计投入资金超 550 亿元，实现了 12.2 万个自然村通电话、8 万多个行政村通宽带。在此基础上，累计投入约 190 亿元专项资金用于校园专线建设，具备为全国近 50 万所学校、园所提供百兆以上专线接入的能力。网络不仅要用得上，更重要的是用得好。为响应国家"提速降费"号召，中国移动与教育部共同推进中小学校园宽带"倍增计划"。一是提速，校园 200 Mbit/s 以下的网络带宽以现有价格提升至 200 Mbit/s，200 Mbit/s 以上的网络带宽

---

② 指的是中华人民共和国成立后，未经民主改革，直接由原始社会跨越几种社会形态过渡到社会主义社会的民族。

以现有价格提升一档。行动开展以来，近 5 万所学校实现了 100 Mbit/s 以上的网络带宽，1 万多所中小学实现了 200 Mbit/s 以上的网络带宽。二是降费，对于新增服务的学校，承诺给予标准资费 5 折及以下的优惠。三是增质，为所服务的学校提供云网融合的校园信息化解决方案，包括教育云、智慧教学、校园安防、数字化管理等。

截至 2019 年年底，在中国移动"提速降费"和"倍增计划"的推动下，全国共有 8.4 万所中小学受惠，校园宽带接入率从 15% 提高到 37%，所服务的学校平均带宽从 58 Mbit/s 左右增长到 154 Mbit/s。2020 年，"三区三州"的中小学通网率将超过 70%，网络速度翻番，或达 50 Mbit/s 以上，带宽单价下降 50%。

中国电信则在 2018 年 7 月启动了云南省教育网络建设项目，为全省 1.7 万所学校、14 万个班级提供"万兆骨干、千兆进校、百兆到班"的高速网络，对云南省"扶贫 + 扶智"助益良多。

其次是教育资源。有了网络的助力，以"互联网 +"的手段，就能将优质教学课程和资源送到校、送到家，从而推动贫困地区教学课程从无到有、从有到优。

中国电信在四川大力推进"教学点数字教育资源全覆盖"工程，实现光纤网络班班通，实现偏远农村山区教学点设备配备、资源配送和教学应用"三到位"，助推优质教育资源的共享。在云南怒江州，中国电信在实现"校校通"的基础上，搭建了云平台，通过教育资源平台，将全省乃至全国的优质教育资源覆盖到每个班级，实现了教育资源的"班班通"。同时，通过"1+N"模式，推进形成乡村学校"一校带多校""一师多班"异地同步互动课堂模式，支撑教学点"开足开齐课"，让大山里的学生得到与城里孩子一样的教育，让他们也能够随时随地学习，从而促进了贫困地区义务教育的均衡发展。

中国移动利用远程传输、交互技术，通过与教育部门合作，实现"送课到校"，让贫困地区的学生与发达地区的学生"同上一堂课"，实现学校学习场景下的教育均衡。此外，中国移动开发的"和教育"云平台，经过多年运营，已积累超 54.5 万条优质教育资源，涵盖幼教、K12、高校、职教等细分领域，内容包括微课、名师直播课、题库资源及教师备课资源等，可满足学生个性化学习、教师备课等需求。

最后是学习应用。除了学校教育，对"三区三州"而言，很多少数民族群众的语言技能也是制约脱贫的一大障碍。扶贫必扶智，扶智先通语。电信运营企业积极响应国家号召，在深度贫困地区推广"语言扶贫"套餐，全面助力普通话推广，促进贫困人群素质提升。

2018 年，中国移动与云南省教育厅率先开展"语言扶贫"项目，针对少数民族普通话水平低的问题，提供优惠智能终端、语言学习 App 及流量补贴，帮助少数民族尤其是直过民族贫困人口学习普通话。2018 年 8 月，中国移动进一步联合教育部，在"三区三州"六省区共同开展"推普脱贫攻坚"行动。2019 年 4 月，中国移动与教育部、国务院扶贫办、国家语言文字工作委员会及科大讯飞股份有限公司签署《"推普脱贫攻坚"战略合作框架》，共同推动教育精准扶贫，提升贫困人口的"造血"能力。预计至 2022 年，"语言扶贫"手机将惠及目标人口 100 万，流量减免优惠将覆盖 300 余万目标人口。

| "童悦"进村，文化扶贫

阅读，在给少年儿童带来乐趣的同时，还可以激发他们的好奇心和想象力，进而帮助他们获得不同程度的自我学习和自我教育的能力。这在"三区三州"等经济发展相对落后、教育资源相对匮乏的地区尤其明显。

在工信部、文化和旅游部等相关部门的指导下，由中国通信企业协会和中国儿童文学研究会联合发起的大型网络文化扶贫公益活动——"童悦工程"于 2019 年 3 月 8 日启动，5 月 30 日正式开通线上阅读服务。

"童悦工程"是一项依托宽带网络开展的、面向县级以下地区的农村少年儿童的阅读推广活动，旨在通过近年来通信业建设的农村宽带普遍服务网络，让他们能够免费阅读由中国儿童文学研究会专家精选的童话、绘本、诗歌，以及免费观看童话剧和木偶剧等文化精品，通过共享阅读之美，为他们的心灵染上一层鲜活向上的亮丽底色。

这项工程得到了儿童文学出版演出机构和儿童文学作家的积极响应，100 多家出版社、文化机构报名参加这项活动，一大批著名儿童文学作家面向农村少年儿童捐出了各自入选作品的阅读版权。

中国电信的天翼阅读平台、中国移动的咪咕数媒平台和中国联通的沃阅读平台免费为全国县级以下地区的农村儿童创建了"童悦工程"网上阅读频道和栏目。

为帮助农村少年儿童养成阅读习惯，"童悦工程"采取线上和线下相结合的推广方式，在河北、四川、甘肃等省份选择了 12 个县的 100 个村镇作为线下阅读推广点，通过捐赠纸质图书和电子阅读器、邀请著名作家现场讲课等方式，帮助农村青少年养成阅读习惯、学会网络阅读。

"'童悦工程'不仅惠及了中国'老少边贫'地区的孩子们，让他们能够通过互联网阅读优质的精品图书，同时也对全球的儿童文学工作者起到了一个典范作用，它让我们学会如何利用科技以及互联网的普及，更好、更高效地为那些身处贫困国家的孩子们做一些有意义的服务。"国际儿童读物联盟主席张明舟如是说。

春风化雨，播撒希望

通过长期耕耘，教育扶贫成效逐渐显现，"知识改变命运"对大山深处的孩子不再只是一句口号，希望播撒到了更多孩子的心中。

走进四川凉山州喜德县瓦尔学校，火红的升学光荣榜格外惹眼。中央民族大学、西南医科大学等，都是这里的彝族学生即将跨入的殿堂。在教育资源缺乏的凉山地区，远程教育让大山深处的孩子有了更多走出去的机会。

"2014年9月，我校成为石室祥云网络教育的加盟学校。"学校副校长李长义介绍道，"学校99.5%都是彝族学生，学习基础比较差，现在通过远程教育，能与成都的学生一起学习，学生们都很喜欢，成绩也提高得很快。"清晰的视频课中，来自成都石室中学的老师正讲解着试题，遇到学生听不懂的地方，老师还能及时答疑解惑，跨越空间的互动毫无阻碍。

2014年，中国电信的光纤接入喜德县瓦尔学校，学校所有高中班级开始使用远程教育。2017年，第一届高考班取得喜人成绩，78名考生被24所学校录取，录取率达到100%。

一边是走出去的莘莘学子，一边是引进来的优质资源。

在西藏，优质的教育资源如同氧气一般稀缺。特别是在西藏偏远山区，优质的课堂更是一种奢望。然而教育信息化正如这片高寒大地上的坚韧植物，刚刚萌发幼芽，却有着惊人的生命力。

2019年6月的毕业季，天津大学远程教育2016级西藏电信班学生的毕业典礼在那曲举行。学生们身着学士服，戴着学士帽，佩戴天津大学的校徽，整齐有序地进入会场，迎接他们期待已久的毕业时刻。在雪域高原学习，却享受渤海之滨的资源，这一原本难以想象的场景得益于中国电信在西藏实施的智慧教育工程。中国电信在西藏进行"云改"，采用全光网络的方式组建连接区、地、县三级教育单位及全区所有学校的 First 教育专网，实现了学校与教育单位之间的互访、远程教育、平安校园、智慧教学、教育教学资源统一管理、视频会议等功能。不仅在那曲，在昌都、在日喀则、在林芝……智慧教育已经深深扎根西藏，源源不断地把优质的"养分"输送到"百年树人"的土壤里。

放眼未来，我国 5G 建设已经全面铺开，借助"新基建"带来的新优势，通信与人工智能、AR 等技术的融合将带来智慧教育的升级版，这将给"三区三州"的教育扶贫事业带来更多可能。

2019 年 7 月 26 日，一堂别开生面的公开课在多地同时展开。分别身处深圳和北京的两位老师利用 5G 全息投影技术，共同为深圳现场的 25 名孩子上了一节题为"彩虹的秘密"的公开课。学生除了听取本地老师的讲授外，还通过 AR 技术深入观察探究了彩虹形成的原理，并在 5G 全息投影技术的帮助下，接受了 1∶1 比例真人形象的异地资深教师的指导。课后的圆桌论坛上，来自深圳、北京、贵州三地的 7 名专家借助 5G 远程全息投影，连线进行了精彩的评课分享。全程无卡顿、低时延的真实互动体验让老师和孩子们大呼过瘾。这是中国移动"5G+ 智慧教育"的众多应用之一。"5G 双师互动教学""5G 全息投影教学""5G VR/AR 沉浸式教学""5G 个性化教学"等应用，正逐渐建立起互动型、沉浸式、现场级的跨区域多点远程教学模式，也在创新打造智能化、自动化、泛在化、数据化的校园管理模式。这些并不是发达地区的独享，中国移动牵头成立的"5G 智慧教育合作联盟"将首先关注"三区三州"等深度贫困地区,一幅令人憧憬的智慧教育画卷正在大江南北徐徐铺开。

农村医疗从这里破题

因病致贫、因病返贫是广大农民面临的一大难题。为了破解这一难题,河南汝阳、陕西略阳通过搭建"远程诊疗"网络平台、建设互联网医院、推广"互联网+家庭医生"等举措,弥补了城乡医疗差距,探索出了"互联网+医疗""互联网+健康扶贫"的新路。

看病不出村,专家就在家门口

"大夫,俺又犯病了,心慌、睡不着……"河南省洛阳市汝阳县王坪乡王坪村村民常秀兰来到村卫生所,河南科技大学第一附属医院的医生通过互联网为她进行远程复诊。从医生详细询问病情到开具处方,看病的整个过程用时约20分钟。

汝阳地处豫西伏牛山区,是国家级贫困县,全县有3家县级医疗机构(县人民医院、县中医院、县妇幼保健院)、15家乡镇卫生院(社区卫生服务中心)、216家村卫生室,山里群众看病困难。2017年的统计数据显示,汝阳县有建档立卡贫困人口13 000余户5万余人,其中因病致贫的比例为20.7%。

为有效遏制因病致贫的情况,汝阳县于2017年年底在河南省率先建成覆盖县、乡、村三级的"远程诊疗"网络平台，建成互联网医院 236 个，包括 216 个村级卫生所在内的所有医疗机构全部开通"远程诊疗"系统，实现了"远程诊疗"在全县三级医疗网点的全覆盖。汝阳县也因此成为河南省首个全面普及互联网医院的县。

为建设好汝阳"远程诊疗"网络平台，河南联通在地方政府的支持下，以联通医疗云平台为依托，实现了所有平台、数据的云化，并以"互联网 + 健康扶贫"模式为目标，整合各方资源，实现了卫生、健康与扶贫信息跨机构、跨区域、跨领域互联互通、共建共享。

河南联通及其合作伙伴的技术人员持续奋战 5 个月，完成了"远程诊疗"网络平台各项模块的功能建设，包括全民健康信息平台、综合卫生管理平台、家庭医生签约平台、互联网医院、云影像中心等，同时完成了 49 万条公共卫生基础数据的实时同步与对接，医院数据、基层医疗卫生机构数据也在国家卫生健康委员会的支持与指导下进行了对接。

汝阳县全民健康信息平台覆盖了所有居民从出生到去世的所有健康医疗信息，可向大众提供健康信息服务，为医疗机构调用平台数据，从而有效减少老百姓重复检查的费用，还能为医疗大数据提供基础数据。汝阳县卫生综合管理系统建立在全民健康信息平台的基础之上，通过卫生健康信息挖掘，为政府决策提供了全方位的数据支持，助力各级政府机关制定面向患病贫困人口的扶贫政策。

汝阳县"远程诊疗"网络平台建成后，纵向连通洛阳市全民健康信息平台，横向连通汝阳县互联网医院，实现了全县"一平台"（全民健康信息平台）、"三库"（人口信息、电子病历、健康档案）、"四系统"（健康扶贫业务监管、惠民服务、业务协同、业务管理），实现了数据通过平台共享、业务在平台办理、监控依托平台支撑。

基于"远程诊疗"网络平台的互联网医院全面开通后，有效解决了群众特别是贫困群众看病难的问题，汝阳山区的农民患者足不出村便可享受到省级医疗专家的服务。2018年，汝阳县通过互联网医院远程会诊的患者达17 508人，节省医疗费用360余万元。汝阳农村基本实现了"健康进家庭、小病在乡村、大病到医院、康复回基层、90%病人就医不出县"的目标。

2019年7月，在2019中国5G智慧医疗健康发展论坛上，由国家卫生健康委员会、工信部领导授牌，汝阳县正式成为全国"互联网+健康扶贫"试点县。2020年2月26日，经河南省人民政府常务会议批准，汝阳县符合贫困县脱贫退出标准，正式脱贫"摘帽"。

|"互联网+家庭医生"助力健康扶贫

拿上听诊器、血压计等常用医疗器具，一户一户走访贫困户，手写记录问诊过程，回到办公室再一条一条地将数据上传网络，这是村医刘艳以前的日常工作。"现在方便多了。"刘艳笑着说，"有了这个家庭医生签约系统，上门随访的时候带上手机就可以了。"

刘艳是一名基层医务工作者，她工作的横现河镇卫生室在陕西省汉中市略阳县。略阳县位于秦岭南麓，曾是陕西省的深度贫困县之一，也是国家级贫困县。略阳县的贫困面比较大，贫困人口比较多，全县有贫困户13 000多户，贫困人口42 997人，这里医疗资源稀缺，基层医务工作者的工作量很大。2018年9月，略阳县卫生和计划生育局局长马海会向记者介绍说，"以前医生随访都是先在纸上记录，回去之后再上网，二次录入增加了工作量，这样就很容易导致随访不到位。我们希望能通过现代化的技术来减轻家庭医生的负担，同时也能提高服务质量"。

2016年10月，中共中央、国务院印发了《"健康中国2030"规划纲要》，明确了要规范和推动"互联网+健康医疗"服务，发展智慧健康医疗便民惠民服务。根据国家在智慧健康医疗服务方面的要求和略阳县的实际需求，为满足"互联网+家庭签约医生+扶贫"的工作需要，陕西电信设计开发了健康扶贫家庭医生签约系统。"根据略阳县卫生和计划生育局的需求，这个系统实现了建档立卡贫困人口医生签约服务的'签约、服务、考核'信息一体化应用，利用信息化手段，向全县建档立卡贫困人口提供定制化的医疗服务以及公共卫生服务。"

"全县一共投入了签约家庭医生396人，就是这支不到400人的队伍，要为县里近4.3万名贫困人口服务，每个家庭医生签约服务的群众至少在50人以上。一般的贫困户是一年随访一次，因病致贫和需要进行慢病管理的有6000多人，要一个季度随访一次。这些基层医生还有他们本职的医疗服务工作要做，任务非常重。"马海会表示，使用陕西电信开发的健康扶贫家庭医生签约系统开展工作以来，他们正逐步实现三个方面的目标。

第一个目标是减轻家庭医生的工作负担。使用家庭医生签约系统，医生可以把记录融入诊疗过程，减少工作量。同时，家庭医生签约系统的数据可与区域卫生信息平台、全国健康扶贫动态管理系统对接，实现数据共享。

第二个目标是方便医患互动。医生上门服务后，患者可以通过手机App随时与医生进行远程互动，向医生进行咨询和求助。

第三个目标是方便对家庭医生的绩效考核。系统可以记录家庭医生的服务频次、服务内容，根据这些数据对家庭医生进行考核，能够调动基层医生的工作积极性，提高服务质量。

"2016年，全县因病致贫人口占到28%左右。2018年，这个比例降到了11%左右，1200多人。"略阳县二级医疗机构组织了31个指导团共110人，对签约家庭医生进行培训，做健康教育宣传。陕西电信则派技术人员对家庭医生进行软件使用方面的相关培训。

马海会说："这个系统最大的优点就是方便了签约医生的工作，方便了贫困户，为对因病致贫人口、贫困户的管理提供了帮助，比如跟踪大病是否得到救治、慢病是否签约到位等情况。同时，对今后农村老百姓掌握健康常识起到很大的作用。自己得了什么病，可以通过什么渠道进行治疗，日常生活、饮食中要注意哪些细节，都有所了解。"

比如，刘艳负责因病致贫的张大姐的慢病管理，要定时上门随访，指导用药。去张大姐家进行随访时，打开手机上的App，刘艳就能清晰地看到她管理的签约患者的情况，包括详细的随访记录，还有血压值等医疗数据、治疗情况以及用药情况。"慢性病的管理、孕产妇的管理等，都可以在这里操作，病人也可以在系统上直接向我咨询。"

要利用信息化手段做好基层医疗健康服务，实现网络覆盖是基础工作。据悉，略阳县2010年开始建设光网，当前光网覆盖率和4G覆盖率都超过95%。"不能让扶贫系统成为摆设，得让贫困户用得起。"为此，陕西电信给家庭医生的套餐赠送了宽带，以方便他们工作，同时，为响应国家信息扶贫政策，对签约建档的贫困户专门给予了手机话费、宽带网络等信息扶贫优惠资费。

2020年2月27日，经陕西省人民政府批复同意，略阳县正式退出贫困县序列。

5.3 小手机赋能大农业

"中国移动提醒您：目前室外温度为12℃，低于适宜农作物生长的温度，现已自动合上卷帘，现在棚内温度为18℃。"内蒙古达拉特旗解放滩村民王丽霞在大风降温天气收到这条信息时，她家蔬菜大棚的卷帘已自动关闭，有效避免了损失。

王丽霞说，这个神奇的法宝叫作"大棚管家"。原来，"大棚管家"利用传感器实时采集棚内的空气温湿度、棉帘卷放状态、风口开合状态，通过移动互联网络传输至服务管理平台，服务管理平台结合作物生长周期和棚内实时空气温湿度数据，自动控制终端，实现棉帘的自动卷放和风口的自动开合，使作物始终处于系统设定的最优温湿度环境中。王丽霞感慨地说，宽带建到了家门口，小手机变成了"新农具"。

手机种菜，告别靠天吃饭

传统种地，农民是凭经验、靠感觉，面朝黄土背朝天，而物联网技术的应用，让他们不用置身田间，就能通过手机准确掌握田间湿度、温度以及光照情况，从而精确把握施肥、打药时间。

在陕西宝鸡太白山深处，有一个远近闻名的绿蕾农业专业合作社。这个育苗基地依靠物联网等新技术育苗，年产值达到1000万元，带动当地近百户贫困户稳定就业，每年向贫困户发放劳务报酬达300多万元，被贫困户形象地称为"家门口的金窝窝、山旮旯里的数字化蔬菜育苗车间"。

在蔬菜育苗过程中，最关键的环节是及时掌握大棚里的温湿度，保障幼苗的健康成长。令绿蕾农业专业合作社的负责人艾科平头疼的是，当地是高寒地区，天气变化无常，时冷时热，以前在育蔬菜苗时监测温度凭的是经验，用的是土办法，还得看老天爷脸色，偶尔有急事出门了，大棚没人管，就怕一不小心温度过高出现烧苗的现象。而陕西太白联通提供的大棚温湿度物联网管理神器"小喇叭"正好帮他解决了这个难题。别小看这个不起眼的小设备，有了它就再也不用担心高温"闷棚"和低温"冻伤"了，每棚平均每年减少损失约4万元。

合作社的管理人员曹小军啧啧称奇道："这'小喇叭'还真管用，有一回我家里有事，其他工作人员也在忙着打包发货的蔬菜，突然手机铃声响起，原来是大棚高温预警，他们立即放下手头的活儿，及时处理了大棚散热的问题，保住了新育的苗床。"

"小喇叭"运用物联网、云计算、移动互联网等信息技术帮助农户看管大棚，提供全天候温湿度监测，并提供精准的电话预警提示，他们再不用在大棚间来回跑着查看大棚的温湿度了。

一部小小的手机让越来越多的种植户也参与到了科学种植的行列之中，大家一起走上了"智慧农业"科技致富路。

吉林省通化市江东乡横道子村果蔬生产基地的一座大棚正在悄悄地进行智慧农业项目试验。这是吉林通化联通在通化市江东乡横道子村果蔬生产基地合作开展的智慧农业试点示范项目。这座大棚外表看起来和其他大棚没什么两样，但里面却充满了"玄机"。

过去传统果蔬种植中，温度、湿度、光照度调整，二氧化碳浓度监测，以及喷水、通风、遮阳网操作，全靠经验和感觉，能否采摘需到现场频繁走动察看,边界防范依靠的是篱笆栏杆。智慧大棚内则部署了各类无线传感终端,实时监测棚内的空气温湿度、光照度、土壤温度、土壤水分、土壤成分含量、二氧化碳浓度等环境参数,并通过无线网络上传到平台进行分析,一旦环境偏离植物生长的最适宜状态,用户可通过手机、计算机等方式远程控制加热器、制冷器(通风)、加湿器、除湿器、卷帘机等,对环境进行调节,提前设置棚内的参数阈值,以保证植物的正常生长。也可以根据不同的种植品种,灵活设置棚内环境参数的上下阈值,一旦棚内相关参数超出阈值,系统可以根据设置,通过手机短信、系统消息等方式提醒相应的管理者,还可以及时发现处于不正常状态的设备,以保证系统及设备的稳定运行。通过大棚内安装的可 360 度旋转的高清摄像头,24 小时实时监测果蔬生产情况,安排采摘,并将信息上传到云端,方便客户用手机或其他终端随时查看。在实现远程 24 小时实时察看大棚内及大棚外围周边监控视频的同时,还可保存视频数据 6 个月,防止设备、农作物被人为损坏或偷窃等情况出现。

▍手机养殖,网上专家来指导

大凉山深处的木里藏族自治县是国家级贫困县,这里群山环绕,森林覆盖率达 67.3%,牧民自古就有饲养牦牛的传统。他们采用的是原始放牧的方式,对牦牛的健康状况了解不够准确,有时牛生了病好几天才发现,错过了最佳的治疗时间,造成了损失。如今,这个问题总算解决了。对口扶贫木里的中国电信开发了"小牧童"系统,利用 NB-IoT[③] 技术,通过牦牛的项圈实时采集生理信息,并上传至云端平台,以精确的数据分析判断牦牛的健康状况。

---

③ 即 Narrow Band Internet of Things,窄带物联网。

用上了"小牧童",鸭嘴牧场的牧民扎西放心多了:"一旦出现状况就能及时处理,母牛进入发情期也能监测到,还能实施优良配种,可以提高牦牛品质。"截至2018年年底,中国电信已经免费提供了2000套"小牧童"系统给牧民使用,后续这一数量还将增加。

在新疆和田地区墨玉县,家兔养殖是一项具有很大潜力的扶贫项目。但是,项目推广之初遇到了技术员紧缺、师资培训覆盖能力不足等问题。一旦兔子生病,技术员又太忙不能及时赶到,养殖户就只能干着急。

2018年,和田市政府与新疆和田电信联合打造"企业＋基地＋农户＋信息技术"扶贫模式,将墨玉县普恰克其乡墩阿其玛村作为智慧农业平台的试点村,给每个建档立卡贫困户家庭都配发了扶贫云手机。养殖户可以通过手机内置的"信息田园"App,学习兔子配种、养仔兔、预防疾病、调整棚圈温度等养殖知识。由于可以像刷抖音、刷微信一样随需随用、随用随学,贫困户亲切地称这种手机为"兔子手机"。英也尔乡库木亚依拉克村农户阿卜斗克热木·艾合买提说,"兔子手机"让他在养殖上不再完全依赖技术员,按照网上专家的指南就能养兔子,太方便了。

▎手机问诊,病虫害可防可治

病虫害侵袭一直是我国农业生产面临的重要问题之一。以往,农民普遍依靠自身经验或电话咨询专家等方式来判断病虫害的类型和农药的使用量。由于缺乏高效、精确的反馈方式,病虫害判断的准确性和及时性得不到保障,容易造成农作物减产和农药使用过量。尤其在一些偏远的贫困地区,农作物病虫害等问题直接加剧了农民的贫困程度。

在吉林,一些农户已经解决了农作物"寻医问药"难的问题。他们借助中国移动依托"农业大数据 + 人工智能"技术开发的农作物病虫害智能诊断平台，通过手机 App 拍摄农作物有病虫害的叶片并输入文字辅助信息，就能获得专业的诊断和用药指导。App 的客户端将农户输入的信息自动上传至云平台进行"大数据 + 智能化"诊断分析，并将诊断结果、治疗方案反馈给农民。

2019 年，农作物病虫害智能诊断平台在吉林全省已覆盖约 5 万农户。通过应用该智能平台，上述农户的农药使用比例下降 10%，农作物增产 20%，累计解决病虫害 36 种，有效消除了农民获取农作物诊断服务的信息鸿沟，增加了农作物的产量，提高了农民的收入。而且，科学合理的用药指导可帮助农民减少对农药的滥用和误用，减少对农作物、土壤的污染和危害，助力农业生产迈向绿色、健康、可持续发展的道路。

5.4　乡村政府"智"理升级

"老头子，我们得去给村委会和电信的娃儿道谢！"

"老婆子，咱不能空手去，装二斤山羊奶，要不是他们安的'天翼看家'，咱的羊可就没咧！"

"赶紧走！咱谢政府的好政策，也谢电信的'天翼看家'！"

陕西渭南富平县，刘老汉丢失的奶山羊仅 23 小时就被找了回来，这一切都要归功于"雪亮工程"的建设。随着乡村公共安全视频监控体系的落地，县、乡、村的治安管理手段和治安环境得到了大幅改善。

在我国农村，信息技术的广泛应用让社会治理各环节实现了"智慧化"

转型，从治理到"智"理，老百姓实实在在地感受到了信息赋能带来的便利。

视频"看家"，乡村安全的守护神

富平县是农业大县，有着"奶山羊之乡"的美誉，勤劳能干的富平人在这片土地上劳作生息。近几年，农村外出务工人员不断增多，农村安全保障问题成为政府和百姓关注的重点。2019年，以"天翼看家"为基础打造的"平安乡村"监控平台正式在富平上线，覆盖了全县16个乡镇83个村组共计387家农户，成为农户看门护院的"保护神"。

富平县刘集镇是奶山羊养殖的集中示范片区，这里的群众自发养殖奶山羊的意愿高、数量多。腊月数九寒天，一入夜村民都在家中取暖，巷道里少有人影，牲畜安全问题一直让村里人操碎了心。这不，村民刘红军家的奶山羊就丢了一只。

刘红军的儿子在外打工，家里只有他和老伴两个人，老两口养了6只奶山羊来增加家中的收入。别小看这6只羊，到了春夏产奶时节，羊奶一天至少能卖到50元左右，足够老两口的日常花销。老人看着圈里的大小山羊满脸笑意，对这6个"宝贝"也照顾得特别仔细。

2019年12月19日傍晚，刘老汉照常给羊喂草料的时候，发现羊少了一只。他揉了揉眼睛，又数了一遍。"1、2、3、4、5，老婆子你赶紧出来，咱的羊没了！"反反复复数了3遍，老两口意识到，最壮的一只母羊不见了。"这可咋办啊，来年开春还指望着它呢……"老太太坐在羊圈边的台阶上念叨着，眼眶也红了起来。"能咋办，这天黑的，谁能看见咱的羊在哪儿？"老爷子急得在小院里打转转。

突然间,大门西侧一闪一闪的红色摄像头让老爷子看到了希望,他一拍大腿嚷起来:"老婆子,赶紧给电信的娃儿打电话!前两天他给咱们安了个摄像头,还留了电话,说可以看家!"

夜里 10:30,电信公司张桥支局督导杨攀接到了老人的求助电话,他一骨碌从被窝里爬起来,骑上电动车就往老人家里赶。询问了情况后,他熟练地通过视频回放功能查看当时的情况,视频清晰地记录了一男子翻墙牵羊的全过程。杨攀一边指给老人看一边说:"叔、姨,你们放心!有了'天翼看家',还想顺手牵羊?哪有那么容易!"在杨攀的协助下,两位老人向辖区所在派出所报了案。对照监控记录,派出所民警细致排查,仅仅用了 23 小时就锁定嫌疑人,两位老人被盗的奶山羊失而复得。

事后,老人拉着杨攀的手说:"杨娃,你们平时在村上宣传,我们还没体会,这次多亏了你们,不然叔这羊可就没咧!我给身边的亲戚朋友都说了,年前让他们找你,把'看家'都装上,家家户户保个平安,晚上也能睡个安心觉!"杨攀乐呵呵地说:"叔,提高村民安全防范意识,你就是我们'天翼看家'最好的代言人。家家户户都安装,平安乡村全保障。"

2019 年 6 月,中共中央办公厅、国务院办公厅印发《关于加强和改进乡村治理的指导意见》,明确指出,要"加强平安乡村建设。推进农村社会治安防控体系建设,落实平安建设领导责任制,加强基础性制度、设施、平台建设""推进农村地区技防系统建设,加强公共安全视频监控建设联网应用工作。健全农村公共安全体系,强化农村安全生产、防灾减灾救灾、食品、药品、交通、消防等安全管理责任"。

随着社会治安形势的日趋复杂,传统治安防控措施已经难以满足人民群众对美好生活的向往。如今,我国的乡村正在努力建设公共安全视频监控体系。照看老人孩子、宠物院落、牲畜养殖、果园农田……不仅为陕西富平，公共安全视频监控体系还将为全国更多的乡村保驾护航。

临近年底，治安环境比平时要紧张一些。但在位于四川省眉山市城郊的东坡区七里社区，却丝毫没有这样的氛围。小卖部老板娘王冬梅放心地请老人带着孩子去附近的广场玩耍。让她如此安心的正是乡村公共安全视频安防系统。从电视里调出附近广场的实时录像，王冬梅就可以看到自己的孩子有没有摔着碰着，孩子附近是否有可疑人员。如果有，她可以使用电视遥控器，一键报警。有了这套系统，王冬梅在小卖部足不出户，就可以一边做生意，一边照看孩子的安全。

王冬梅的例子，只是四川移动眉山分公司实施"雪亮工程"的一个缩影。

"以前晚上一个人住在店里还是挺害怕的，有时候整晚都不敢睡，现在有了'雪亮工程'，基本可以放心睡觉了。"王冬梅说的，是"雪亮工程"的又一重大功能——"群防群治"，区域内的用户分为多个群组，群组内的任何一个人出现警情，只要马上拨打6995，群内的所有人员均可收到6995的求救电话和求救短信。

村村响起"大喇叭"，人人享受智应用

"各位村民请注意，请大家明天上午8点到村委会开选举换届大会……"

湖北省宜昌市秭归县茅坪镇建东村又响起了久违的大喇叭声，不止秭归县，"大喇叭"已覆盖了湖北省内孝感、黄冈等地的4000多个行政村，受到基层干部和广大村民的欢迎。

"大喇叭"曾经在我国物资匮乏的年代发挥了十分重要的作用，但随着计算机、手机的普及和农村的快速发展，"大喇叭"逐渐销声匿迹。在农

业大省湖北，近年来农村"空心化""老年化"现象日益严重。村里留守的人大多不会使用手机、计算机上网，因此无法从网上获取丰富的政策信息，只能依靠政府宣传、人际传达。相对原始和落后的传播渠道限制了村民获取信息的数量和质量。

依托无线网络和移动互联网技术，湖北移动协助相关单位对传统广播系统进行了改造升级，建起了一个省、市、县、乡、村五级播控中心上下对接的"村村响"平台，可为村民们带来包括科普、法律、农业生产、农村生活等方面的新信息。高效的消息传播载体打通了党和政府声音传播的"最后一公里"。有了"村村响"之后，党和国家关于农村的各类补贴、养老政策、脱贫政策能迅速传达给每位百姓。

"现在我们在家吃着饭、田间干着农活，就能听到政策、学到技术，真是太方便了！"建东村村民王雪琴说起"村村响"，竖起了大拇指。

"村村响"不仅让村民们赞不绝口，也方便了许多农村基层干部。秭归县沙镇溪镇政府的工作人员小李说："以前上传下达，要么我们通知村里，村里再到广播室去喊，要么我们逐个打电话通知。现在不管我们在哪儿，通过手机就能实现远程喊话播报，确实方便了许多，工作开展起来也轻松了。"

"大喇叭"摇身变为"村村响"，信息技术在新农村建设中的运用让农民享受到了现代信息技术带来的红利。随着我国移动 4G 网络在农村的深度覆盖以及 5G 网络的到来，更多的便民信息化应用服务走进寻常农户家中，为众多农民带来满满的幸福感、获得感。

2020 年年初，面对来势汹汹的新冠肺炎疫情，智能广播凭借 24 小时统一管控、实时传播的特点，在疫情防控阻击战中发挥了重要作用。远程播报、分权分域管理、消息下发全流程安全可控……智能音箱、智能广播助力农村疫情防控，让农民朋友感受到了智能音箱化身"防疫宣传员"所带来的变化。

"强防护、不恐慌、信科学、不传谣、有症状、早就医……","强国云广播"疫情防控、"三农"政策、种养技术的资讯广播声传遍了江西赣州市寻乌县文峰乡 17 个行政村 179 个村民小组。

文峰乡的"强国云广播"系统,是由江西联通于 2020 年创新打造的基于"互联网""物联网""云服务"的全数字化智能广播系统,也是率先打通"学习强国"平台向农村延伸"最后一公里"的云广播系统,在针对突如其来的新冠肺炎疫情的防控中,为寻乌县打赢疫情防控阻击战发挥了重要作用。

"强国云广播"能同步实现所有村组全天候、全覆盖,不仅可通过传统话筒进行广播,还可以通过文字转语音、电台广播、短信以及 App 音频上传等发布信息。一键操作后,所有喇叭和终端设备都能"一呼百应"。不同区域间也可灵活组网,根据需要进行单播、组播控制,信息传播更高效、便捷。

"疫情暴发初期,上级部门关于疫情的政策通常是每隔几小时就要更新一次。"文峰乡人民政府宣传委员古政平表示,防控期间贯彻落实工作面临很大挑战,"幸好有联通云广播手机 App 的远程管理功能,即使不在办公室,我也可以随时随地通过手机收到上级部门的政策宣传通知等信息,同时我还能通过手机控制广播进行播报,真正做到了让广大村民第一时间接收到疫情防控信息。"

在福建,中国电信"村村享"平台同样成了乡村战"疫"的利器。宁德市的 18 个乡镇 85 个行政村部署了 267 台智能音箱。根据当地疫情防控的宣传需要,智能音箱可适时调整播出内容,不仅有疫情防控的相关知识,相关部门还特别编入叮嘱村民少出门、不聚集,取消宴席、家宴等大型聚集活动等内容,进行循环播放,加深了村民对疫情的了解。

宁德市蕉城区八都镇人民政府的楼前,戴着口罩的村民老林说:"在疫情出现的初期,我还觉得疫情防控离我很远,但镇里的智能音箱广播天天循环播放，让从武汉回来的人要及时登记，让大家勤洗手戴口罩少出门，我就对做好自我防护重视起来了。"

在福清市江阴镇，中国电信在全镇23个行政村安装的198个智能音箱，成为疫情防控宣传的一大利器，不少村民连连叫好；在三明市，近百个行政村（社区）的350台智能音箱累计播放5000多次疫情防控宣传内容，有效促进了广大农村特别是较为偏远的地区疫情防控知识的宣传。

农业农村部农村合作经济指导司副司长毛德智特别点赞了"村村享"平台。他表示，"村村享"平台具备乡村"大喇叭"一键喊话功能，村支书和宣传员通过智能手机即时喊话，可以实现"大喇叭"即时发送，有利于加大宣传频次，提高宣传覆盖率，更好地助力疫情防控。

在战"疫"中走红的"天翼大喇叭"，在春耕生产中也大显身手。

陕西榆中的农技人员用"天翼大喇叭"一天多次、轮番播放方言版的生产指南，指导农民有序开展春耕。在广西南宁，几千个"天翼大喇叭"在各个村屯不断喊话，提醒积极做好春耕备耕所需的种子、化肥、农药等各项物资准备，把防疫和春耕的声音传到田间地头。

"天翼大喇叭"只是现代信息技术助力乡村治理的一项典型应用。

2020年2月11日，在国务院联防联控机制新闻发布会上，农业农村部点赞中国电信"村村享"服务，肯定了其对疫情防控和乡村治理的作用；3月20日，春分时节，天翼云会议助力农业农村部"巡检"河南、山东的春耕生产情况；4月1日，天翼云会议服务"鄂粤同心 抗疫发展"农产品产销对接启动仪式……

经过努力，"村村享"服务已覆盖甘肃、青海、陕西、云南、安徽、湖北、福建、河北、新疆等14省（区、市）213个县的8988个行政村，共发布相关疫情信息和防控指南 73 000 余篇，通过"村村享"大喇叭宣传、部署防疫工作超过 18 万次，通过"村村享"视频会议系统召开会议近 3 万次，累计触达服务人群 1542.5 万人次。

2020 年 4 月 2 日，农业农村部农村合作经济指导司与中国电信集团签署合作框架协议，探索拓展信息技术在乡村治理实践中的运用。中国电信将利用云网优势，依托自主研发打造的"村村享"农村综合信息服务平台，充分发挥智慧党建、应急指挥、精准扶贫、政务公开、便民服务等多项特色功能，助力提升农村基层管理服务水平，增强农村基层治理能力。

现代信息技术为农村社会治理提供了智慧化解决方案，有效提高了乡镇政府的治理水平。泛在的信息网络能够助力各级政府减少管理层级，全面、及时、有效地掌握社会运行情况，实现"精准施政"，提升社会治理和服务的效率。

2020 年中央一号文件明确指出："加大农村公共基础设施建设力度""基本实现行政村光纤网络和第四代移动通信网络普遍覆盖"。如今，通信基础设施打通了"最后一公里"，农村已然成为智慧应用落地的沃土，乡村"智"理手段的变革让广大农民享受到了现代信息技术为生活带来的各种便利。

"天翼看家"、"大喇叭"和"村村响"，越来越多的智慧应用正在改变中国乡村的面貌，它们都是现代信息技术为广大农民做的好事、实事和暖心事。

 5.5　5G 助力新农村华美"蝶变"

种植业主早上起来，打开手机便可知晓作物的生长情况，随时随地了解土壤水分和肥力的状况;足不出户,就能通过视频远程连接医疗专家询问病情;乡村游的游客出门之前,通过手机提前观看"乡村"实景,"早一步"感受美丽乡村……这些场景已经成为现实。

5G+ 智慧农业,降本增效解放劳动力

广西田林县浪平镇坐落于岑王老山脚下,当地人去一趟县城要翻山越岭,乘车就得两个多小时。在浪平镇所处的小山坳里,一排排新建的姬松茸种植大棚格外醒目。

在广西田林县浪平镇,中国电信援建的配有"5G+8K"智慧农业平台的姬松茸种植大棚(班兆林 摄)

走进大棚,一台 8K 超高清摄像机正对准欣欣生长的姬松茸拍摄着。贫困种植户姚再来通过中国电信搭建的"5G+8K"智慧农业平台,与远在 350 公里之外的广西农科院微生物研究所专家韩美丽进行视频连线。姚再来

对姬松茸的长势、微生物与病虫害防治提出了不少问题，韩美丽对此一一作答。韩美丽告诉姚再来，自己虽然远在南宁，但通过先进的通信系统，她能非常清晰地看到姬松茸的生长情况。

借助"5G+8K"智慧农业技术，种植户不仅能够得到权威农业专家的远程指导，还可以通过"5G+8K"智慧农业平台，根据姬松茸生长过程中"日长夜大"的特点对其进行网络直播，进行"可视"的宣传，打造"网红"姬松茸。

可以说，棚外是大自然的阻隔，千年岑王难逾越；棚内是信息高速公路的连接，一朝天堑变通途。

浙江湖州吴兴尹家圩粮油植保农机专业合作社是 5G 智慧农业的演示基地。在这里，通过采用了 5G 技术的无人插秧机、无人收割机等，已实现对田地的精准耕作，作业效率高，极大地解放了劳动力。

浙江庆渔堂水产养殖基地的养殖水塘中，声呐无人艇在水面来回穿梭，通过鱼探仪、高清摄像头、各类传感器、智能网箱等智能终端采集到的声呐数据，借助 5G 网络实时回传至云平台，可实现对鱼塘水下地形环境、鱼群数量状态的实时监测，从而做到按需投喂饲料、实时监测水质。

在湖州市吴兴区尹家圩粮油植保农机专业合作社，通过采用了 5G 技术的无人插秧机、无人收割机等，已实现对田地的精准耕作

5G、物联网、大数据、人工智能等技术与农业种植、养殖业的应用场景不断深度融合，正在改变传统农业，大气、土壤、作物、病虫害等多方

面的海量数据被实时收集并进行自动分析,用于指导农业生产,促进智慧农业迅速成长。

5G+ 乡村旅游,激发乡村新活力

除了改善种植、畜牧以及水产养殖之外,乡村旅游也将因 5G 获益。借助 5G 技术,游客能够实时了解景区状况,并提前规划行程,景区则可以通过 VR 技术提升宣传效果。

贵州毕节的百里杜鹃风景名胜区是国家 5A 级旅游景区、国家生态旅游示范区、全国休闲农业与乡村旅游发展示范区,也是毕节乃至贵州通过发展旅游业助推脱贫攻坚的典型。发展乡村旅游产业是当地农民脱贫致富的一个重要途径。为了更好地推广当地的旅游产品,2019 年,在毕节一年一度的"国际杜鹃花节"上,贵州移动利用移动 5G 网络高速率、低时延的特性,将无人机在百米高空航拍的"百里杜鹃"美景实时回传。游客戴上 AR 眼镜,便可同步观看高清直播画面,再配合全息投影技术,犹如置身百米高空,整片花海尽收眼底。

浙江省宁波市横坎头村是"全国革命老区全面奔小康样板镇"。这两年,打造集吃、住、玩、采摘于一体的旅游农场模式成为一种潮流,信息化助力农业致富的同时,更激发了"红色村庄"旅游业的发展活力。2019 年 9 月,浙江移动与横坎头村签订 5G 网络服务与创新试点战略合作协议,共同打造了浙江宁波地区首个 5G 村。根据协议,横坎头村 5G 信号基站开通后,将开展 5G-AR 旅游、5G 远程医疗、5G 直播、5G 党员远程教育等 5G 创新应用。特别地,5G 技术带来的 AR 直播能够让游客提前了解景区特色、游玩线路以及游玩方式,做好旅游行程规划。

浙江移动与横坎头村签订 5G 网络服务与创新试点战略合作协议，共同打造了浙江宁波地区首个 5G 村

5G+ 农村医疗，破解山区看病难题

乡村医疗水平与一二线城市相比还存在差距，尤其是在偏远山区，实现医疗资源平等分配在短时间内很难实现，但 5G 技术的应用让更多的乡村百姓看到了希望。

2019 年，四川移动成都分公司、中国移动（成都）产业研究院和四川省肿瘤医院联合开展了"5G 远程超声精准扶贫·在路上"活动。四川省肿瘤医院的超声科专家陈时琼带领医疗小组人员，携远程超声设备深入大凉山，为当地群众开展义诊。

"真没想到，不出家门，就能让成都的专家给咱看病！"凉山普格县五道箐乡的村民兴高采烈地排队等待着做检查。

与往日不同的是，这次义诊活动借助 5G 网络，实现四川省肿瘤医院与凉山普格县五道箐乡卫生院实时连线，超声诊断的图像实时共享，远在成都的专家协同对大凉山群众开展义诊，并通过"云报告"系统现场出具包括甲状腺彩超、胆结石彩超及健康体检等在内的报告。

5G 远程医疗的应用使得优质医疗资源跨越区域的限制，有效弥补了偏远地区在医疗资金、设备、技术等方面的不足，让大山深处的患者足不出户就能享受到城市里的优质医疗资源和服务，这让医疗精准扶贫更有成效。

在浙江，浙江移动与淳安下姜村、浙大医院合作探索 5G 远程医疗模式，开设了"下姜村 5G 远程医务室"，实现了"下姜村卫生院—县级医院—省市级医院"的医共体远程分级诊疗应用，医生通过高清视频能够及时准确地判断病人的病情，推动了高端医疗资源与服务公平、有效地分配到偏远、基层的农村群体。

2019 年年底，浙江移动还携手合作伙伴打造了浙江省首个 5G 乡村"流动医院"。该医院的巡回诊疗车配备了无线医保刷卡设备、诊疗仪器数据采集设备、远程视频会诊终端，可实现医保实时结算、数据互通、区域内影像会诊及结果共享，打通了村民看病的"最后一公里"，村民在家门口就能享受到优质的医疗资源和服务。

5.6 信息"黑科技"精准扶贫

2013年11月3日,习近平总书记来到湘西土家族苗族自治州花垣县双龙镇十八洞村,同村干部和村民代表围坐在一起,亲切地拉家常、话发展,并在这里首次提出"精准扶贫"。习近平总书记表示,扶贫要实事求是,因地制宜。要精准扶贫,切忌喊口号,也不要定好高骛远的目标。

扶贫工作贵在精准,精准的关键在于信息化。扶贫工作只有做到数字化、网络化、智能化,才能实现扶贫对象精准、项目安排精准、资金使用精准、措施到户精准、因村派人(第一书记)精准、脱贫成效精准的"六个精准"。近年来,信息通信行业积极响应国家精准扶贫的号召,充分发挥信息化在精准扶贫、精准脱贫中的重要作用,自主开发建设了数字化精准扶贫产品,为政府开展精准扶贫工作提供了便捷的工具和有力的支撑。

从"大水漫灌"到"精准滴灌"的定制帮扶

"我家3口人,儿子常年在外打工。头年我们获得了4万元精准扶贫贷款,现在家里有2头牛、20多只羊。"甘肃马巴村村民韩得红高兴地讲着自己家的情况。

2015年9月10日,甘肃省被列为国家扶贫办全国大数据平台建设试点省份,在全国率先探索建设精准扶贫大数据管理平台。自此,以甘肃为试点,精准扶贫大数据管理平台的建设在全国逐步铺开。

2015年6月，中国电信旗下中电万维公司精准扶贫部的经理郭真接到一项任务，受甘肃省委、省政府委托，他和团队要负责开发精准扶贫大数据管理平台。

为了保证平台数据的完整和准确，实实在在帮助当地贫困户脱贫致富，进村入户就成了郭真的日常工作。从一户、一个村到一个县，郭真和同事们用脚步丈量着甘肃省的贫困区域，将全省深度贫困地区的实际现状绘成了一幅十米"长卷"。对扶贫领域的了解使平台的研发工作十分顺畅，在普通情况下需要半年才能完成的雏形搭建工作，郭真带领团队只用了一个月。2015年9月，精准扶贫大数据管理平台正式上线。

Excel、纸质表单、邮件、计算器等，这些都是以往绝大多数地区采用传统方式扶贫时必用的工具；电话督促、下发文件、手工计算也都是传统的执行方法。至于督查考核，基本都靠派遣工作队、人工考核、人工检查成果，因贫困户及公众不了解政策、不掌握措施，扶贫结果、数据的查询和统计分析也较为困难。

精准扶贫大数据管理平台就是要改变这种状况，运用互联网平台和大数据分析等现代信息技术，通过对扶贫对象的识别、扶贫措施的落实、信息数据的分析、扶贫成效的跟踪等，形成扶贫动态化、全过程闭环管理，实现扶贫目标、内容、保障、方式、考评的精准化，从之前的"大水漫灌"转变为"精准滴灌"。

精准扶贫大数据管理平台具有五大核心功能：扶贫对象动态管理、扶贫措施监管落实、扶贫成效分析评估、数据分析结果应用、绩效考核奖惩有据。通过"厘清家底""把脉问诊""对症下药""全身体检"，这些核心功能几乎涵盖了扶贫的全过程，解决了扶贫中扶持谁、谁来扶、如何扶、如何管控考核、如何退出等问题，提升了扶贫的精准程度和效率。

精准扶贫大数据管理平台的功能模块

2015年9月18日,"三西"④扶贫开发现场会议召开之际,时任国务院副总理汪洋专程赴定西市安定区李家堡镇窑坡村考察精准扶贫工作,详细了解了精准扶贫大数据管理平台的建设和使用情况,并给予充分肯定。

在甘肃试点成功后,精准扶贫大数据管理平台被引入全国更多地区。在云南、江西、安徽等省份,在四川凉山、新疆和田等地,精准扶贫大数据管理平台逐步落地,覆盖了"三区三州"的所有地区。

"看房、看粮,看劳动力强不强、有无读书郎、有无病人睡在床……"

---

④ 即甘肃的河西、定西和宁夏的西海固。

安徽利辛县的干部都熟悉这样一句话。到贫困户家里,他们要一看、二问、三算,这些工作很烦琐,要靠本子记,更要靠人的主动性。

有了精准扶贫大数据管理平台,再加上更方便的精准扶贫 App,情况大不一样了。利辛县巩店镇永昌村的刘俊洋说:"张海队长每次来家里,都会用手机详细记录我的情况,拍下照片,入了系统,政府就知道脱贫政策落实了没有,我们还需要啥。"对永昌村扶贫工作队队长张海来说,手机里的精准扶贫 App 已成为工作时必不可少的工具。

"扫一下二维码就可使用大数据平台,操作很简单。"输入贫困户的名字,其家庭住址、家庭成员信息、贫困状态、帮扶计划等信息就一目了然了。云南寻甸县羊街镇扶贫助理陈洁玲坦言,对经常需要走村入户工作的自己而言,"在平台上就可查询信息,非常好用"。

在云南,大数据平台横向与省民政厅、省公安厅、省工商局、省残联等部门实现了数据对接,促进了扶贫相关信息的共享。

在陕西商南县,县镇村精准扶贫信息化管理系统可对全县 14 806 户 43 718 名贫困群众进行动态管理。贫困村的发展、贫困户的需求、帮扶干部的动态等文字、图片、视频资料通过网络,都可发布、展示在平台上;有帮扶意愿的社会各界人士、企业可以通过网络了解贫困村、贫困户当前最需要什么,也可以通过平台实现及时帮扶,确保因户施策的扶贫措施落到实处。

在新疆喀什,精准扶贫大数据管理平台帮助解决扶贫过程中出现的贫困户基础数据不精准、数据采集与管理方式单一、碎片化存储问题,扶贫项目全过程管理弱等问题,实现了扶贫目标、扶贫措施、脱贫跟踪的精准到位,用数据直观反映脱贫"摘帽"的实际成效。

　　……

截至 2019 年年底，精准扶贫大数据管理平台已覆盖 15 个省（区、市）的 122 个城市，累计服务 3800 余万贫困人口。

大数据画像为精准扶贫提供导航图

河南濮阳市台前县沙湾村地处黄河滩区，十年九涝、地少人多，是远近皆知的贫困村。村民董玉玲靠在村办加工厂打工，终于有了一份种地之外的收入。

许多像董玉玲这样的贫困人口正逐渐拔去穷根。这是中国移动利用大数据推进精准扶贫工作传来的捷报。大数据的幕后画像使得当地精准扶贫有了导航图，从而让扶贫工作实现了落地实、见效快、惠泽广。

作为扶贫攻坚的重要力量，中国移动充分发挥信息化的技术优势，积极建设精准扶贫系统，并在濮阳等地开展试点，帮助有关部门用大数据开展精准扶贫。

中国移动精准扶贫系统依托 IT 和数据方面的资源及能力，可以实现对贫困组织（县、村等）、贫困户、贫困人口的精准识别，加强帮扶干部、党员和贫困对象的精准结对匹配，直观呈现政府扶贫和爱心人士扶贫等各类项目的帮扶需求，并对项目进行监测与效果管控。系统不仅可以在电子屏上精准显示贫困户、帮扶党员干部和第一书记的数据信息，还能通过数据图表分析贫困人口致贫原因、务工状况、文化程度，各类信息图文并茂，一目了然。对一线的扶贫干部来说，通过精准扶贫手机客户端不仅可以学习、了解扶贫政策，记录、总结日常帮扶工作，还可以对扶贫项目进行精准记录，实时查询项目进展和脱贫进度。

截至 2020 年 5 月，中国移动精准扶贫系统已在全国 14 个省份 92 个市县落地,覆盖816.9万余名贫困群众、74万余名帮扶干部,累积沉淀优秀扶贫案例、扶贫资讯、扶贫日志40.6万篇,总字数超3856.87万。

系统的上线运行,实现了不同贫困家庭与爱心人士、爱心企业的精准对接,为濮阳市贫困群众搭建了一个更为广阔的脱贫平台。该系统在台前县的应用显示,大数据可帮助分析贫困户年龄分布、务工状况、文化程度和致贫原因,更精准地制定扶贫方案。短短几个月,台前县就新建和改建扶贫就业基地124个,平均3.5个村子就有一个能就业挣钱的服装箱包加工厂。以前,董玉玲一家四口只有两亩地,主要靠丈夫打零工挣些钱,她也想出门打工,但因要照顾老人和孩子,一直没法离开家,现在她在村里打工、种地两不误。

中国移动精准扶贫系统以在贫困户家门口粘贴家庭二维码的创新方式,让扶贫干部通过手机"扫一扫",即可了解贫困户享受的扶贫政策详情

中国移动精准扶贫系统是以互联网和大数据技术为核心搭建的扶贫平

台，实现了扶贫工作的精准识别、精准匹配、精准帮扶与精准管控。精准识别功能，是指由政府提供真实准确的贫困户、贫困人员和帮扶责任人的信息，经过认证完成建档，实现对贫困组织、贫困户、贫困人口的精准识别。精准匹配功能能够通过大数据进行精准推荐，形成贫困对象和帮扶对象的结对。精准帮扶功能则呈现面向帮扶责任人的政府体系内的扶贫项目，以及面向党员、社会爱心人士的贫困对象的帮扶需求，并搭建帮扶桥梁。精准管控功能是通过对贫困对象全生命周期的管理，及时掌握帮扶记录和脱贫工作进展，实现对扶贫工作的监管和督办。该系统通过"一个系统、一部手机"服务困难群众、支撑扶贫干部，建立起精准脱贫生态圈。

谈起使用中国移动精准扶贫手机客户端的体验，台前县的一线扶贫干部赵振说："现在随时都可以把走访贫困户所了解的情况记录下来，并且系统会及时更新，节省了大量的人力、财力和物力。"2018年，中国移动精准扶贫系统荣获信息社会世界峰会电子政务类最高项目奖（Winner），是2018年该峰会18个类别中我国唯一获得最高奖项的项目。该精准扶贫系统入选2019年中国扶贫国际论坛"全球减贫案例"。

第六章

携手"大扶贫"

"乡亲们不脱贫，我就不走！"在扛起行业责任、全力推进网络扶贫的同时，信息通信业还承担了众多定点扶贫、对口帮扶等专项扶贫任务，上万名来自各个岗位的信息通信人奔赴最艰苦、最困难的扶贫一线，义无反顾。

他们一身土、两脚泥，善作为、敢担当，和当地干部群众吃在一块、干在一块、想在一块，千方百计引项目，想方设法促增收，献出了青春、热血甚至生命。

6.1 三年改则行,一生援藏情

2019年7月,对援藏三年即将返回江苏的段玉平来说,是他在改则支边最后的时光。提起离开,段玉平难掩不舍之情,连连说道:"即使回去,我和改则也不会断了联系。"

三年前,当看到援藏干部选派的通知,段玉平第一时间就向组织提交了报名申请。2016年7月,时任中国移动江苏连云港分公司副总经理的段玉平奔赴西藏,担任阿里地区行政公署副秘书长,改则县委常委、副县长。

从江苏连云港到西藏阿里改则县,从富庶的鱼米之乡到海拔4700多米的贫瘠高原,1000多个日日夜夜,段玉平凭着执着的精神和不懈的努力,让高原稀罕的绿叶菜上了当地百姓的餐桌,让越来越多贫困家庭的孩子走进了课堂,也为改则县带来了致富的"春风"。

小菜篮大民生,4700米高原种出绿叶菜

初次"见面",改则就给了段玉平一个"下马威"。平均海拔4700多米,一年中有200多天刮七级以上的大风,过了9月就入冬,冬季长达8个月,干旱少雨,全年降雨量不足200毫米,空气含氧量仅有平原的60%……恶劣的环境,让一贯雷厉风行的段玉平一下子"佛系"了起来。因为缺氧,连大声说话都使不上劲儿。身体的不适丝毫没有动摇段玉平援藏的决心。待身体刚刚适应,他立即下乡进村,入户调研。

到古姆乡岗如村曲珍旺姆家时,曲珍旺姆正炖着羊骨汤。段玉平发现了一个奇怪的现象,大锅前明明就有已经打蔫儿的青菜,可曲珍旺姆就是不把青菜下锅。

后来,他才知道,内地餐桌上常见的绿叶菜,在改则县可是"奢侈品"。改则县离拉萨1100多公里,蔬菜都是从内地经拉萨转运而来的。冬季常常大雪封山封路,运菜车半个月都进不来,很多人只能吃土豆、洋葱等根茎类蔬菜。"别看这几棵打蔫儿的青菜不起眼,其实'金贵'着呢!"曲珍旺姆道出了其中的原委。

看到这些,段玉平心里很不是滋味,他盘算着:老百姓的餐桌上有滋有味,日子才会更有奔头。绿叶菜金贵,我们自己种!在高原上种绿叶菜,连当地干部都表示不可思议。"当时段县长提议种绿叶菜,我们认为是不可能的。"改则县旅发委主任张亮说。

张亮的想法不无理由。10万年前,这里曾是大海的海底,如今的土地全是沙土和冻土,下的雨、浇的水都留不住,完全不适合植被生长,就算长出草来,也只有小小的一株。当地的牛羊因为吃不饱,长得特别慢。这样的自然条件根本不适合种植绿叶菜。

然而,这个倔强的援藏干部拥有的可不仅仅是一腔热血。建蔬菜大棚总共分几步?首先要解决土壤问题,然后盖大棚,接着是试种。段玉平心里早就规划好了清晰的目标路径,只是这每一步都困难重重。

项目团队先挖掉约1.5米深的冻土,打下水泥桩子,再从800多公里外的日喀则运回上千立方米的土,加上河里的泥沙和当地的羊粪,填入挖好的坑中,初步形成适合植被的土壤环境。

改则的年平均气温为零下0.2摄氏度,且昼夜温差很大。为了保证棚内的温度,大棚使用两层塑料膜后,还需加盖棉被。特制的棉被要用电动机拉拽来铺盖，棘手的是，极度缺电的改则甚至没有足够的电力来支撑，于是县里又专门买来了两台柴油发电机。2017年年底，所有问题终于解决，蔬菜试种开始了。

可是，试种的过程也不顺利，前后用了近7个月时间，终于守到第一批芹菜和西葫芦等蔬菜出棚。那种欣喜和激动，段玉平毕生难忘。

2018年冬天，白菜、香菜、菠菜等棚产蔬菜陆续端上了改则群众的餐桌，有效解决了当地群众吃菜难的问题。"县里的平均菜价下降了20%，现在老百姓可以放开了吃青菜啦！"改则县干部曹枝清说。

段玉平（左）经常到蔬菜大棚蹲点儿

三年时间，中国移动为改则县捐赠资金近7000万元。作为中国移动派出的援藏扶贫干部，段玉平将如何用好这笔钱当成头等大事来考虑。段玉平多次与县委、县政府的主要领导讨论研究，确定了蔬菜大棚、糌粑加工厂、安居工程、冬季牧草购置等 14 个项目。"圆梦新居"社区建成后，199 名贫困户从海拔 4800 米以上的居住地迁到社区。"康乐新居"投入使用后，上千名牧民搬进了新居。糌粑加工厂建成后，不仅让县里的群众吃上了新鲜价廉的主食，还解决了十几个贫困户的就业问题。

造品牌拓渠道，雪域吹来致富春风

改则县是纯牧业县，出于生态保护的要求，地下丰富的金、铜、锂等矿产资源不能开发。刚到改则县的时候，段玉平每天都在琢磨：改则县产业经济发展的出路到底在哪里？经过深入调查研究，段玉平决定从自己分管的工作入手，将眼光瞄准了旅游业。

在县委、县政府的支持下，段玉平很快帮助成立了改则县旅游开发公司，尝试对县里的旅游资源、产品进行市场化开发。得知牧民将高原上的珍贵草药手工做成藏香，具有药用价值，他便组织集中收购乡里手工作坊生产的藏香，注册商标后销售，打造了"麻米藏香"品牌，仅此一项一年的销售额就达 10 万余元。

在谋划区域经济发展的同时，段玉平深知有了文化品牌和销售渠道，改则致富才有希望。2016 年年底休假期间，一贯忙碌的段玉平没有闲着，他联系了连云港市慈善总会，自己带头捐款并推动成立了"连云港市慈善总会中国移动援藏基金"，助力改则的经济发展。2018 年，段玉平牵头在改则县成立了"特色产品商店"，集中展销当地羊毛加工制成的羊毛衫、围巾以及藏香等土特产品，让游客能够买到当地的特色商品。据了解，截至 2018

年年底，改则旅游产业盈利达100多万元。

牧民嘎玛是改则旅游发展的直接受益者，当看到自己亲手制作的藏香被打上商标，放在商店里售卖，他抑制不住内心的激动："手工作坊变得正规了，收入比以前多了，我靠这个手艺能养家糊口了。"像嘎玛这样的牧民很多，旅游业的发展为当地牧民增加了就业机会。如今贫困的日子正慢慢远去，在帮扶之下，他们靠自己的努力走上了脱贫致富路。

"以前手工作坊的产品没包装、没品牌，也没销售渠道。"县旅发委副主任普珍说，"段县长手把手教我们管理企业、注册商标和开发旅游产品，县里的旅游产业这几年发展得很快。"

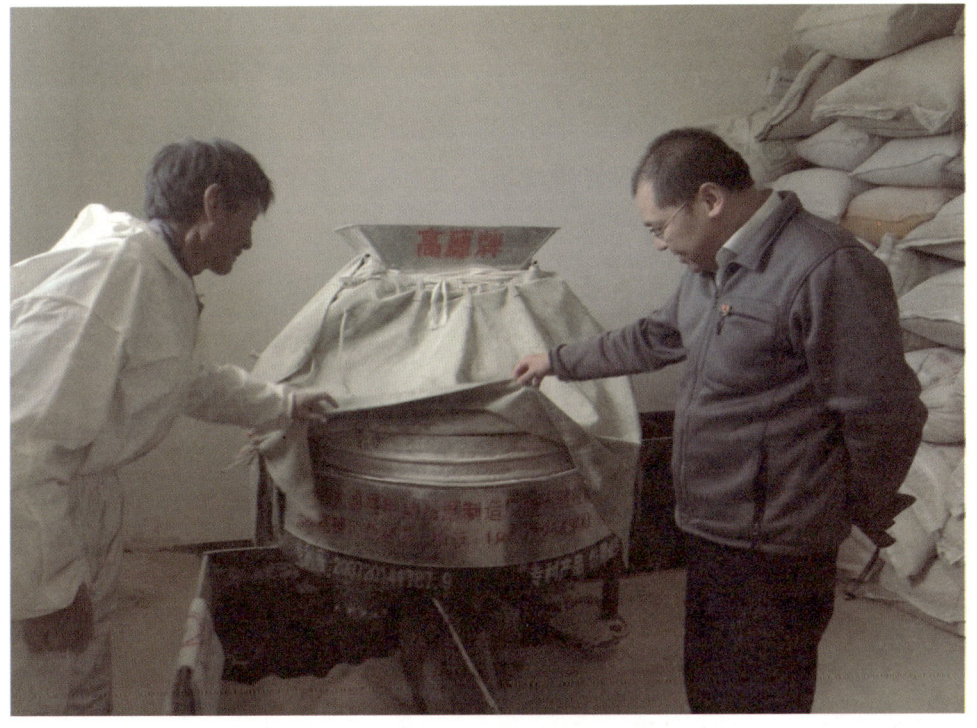

段玉平到作坊了解情况

挖掘改则的自然和历史文化资源，段玉平费了不少心思。在一次调研中，他来到了离县城190公里的先遣连革命遗址，得知了一段英雄历史。1950年8月，由136名官兵组成的进藏先遣连从新疆出发，翻越昆仑山，到达扎麻芒堡（今天的改则县先遣乡），将五星红旗插上藏北高原，和平解放阿里。由于高原反应、补给中断、缺医少药等，先后有63名战士壮烈牺牲。后来该连被授予"进藏先遣英雄连"称号。了解到这段历史后，段玉平赴多地收集"进藏先遣英雄连"史料，实地走访相关人士，争取专项补助资金，联合多方力量推动了改则县进藏先遣连纪念馆的建设。

计长远兴教育，边疆撒下希望之种

也许有人会问，段玉平为何会坚定地选择援藏？这与他的成长经历息息相关。段玉平出生在湖南的一个山村，家境贫寒，一路走来，受过身边人的许多帮助。大学时，他突发阑尾炎，没有钱交手术费，是班上同学给他凑足了钱，班长作为家属签字，才让手术顺利进行。等到毕业时，又是靠着同学的帮助，他才缴清学费，拿到了毕业证书。他心里积攒着谢意，想等到力所能及时回馈给需要的人。

靠读书改变命运的段玉平深知，教育对一个人的成长乃至一个地区的发展至关重要。因此，他到改则后不久，就走遍了全县9所中小学校，发现3750名中小学生中有30%以上来自贫困家庭，不少学生因贫困还萌生了退学的念头。段玉平看在眼里，急在心里。他在改则虽然不分管教育工作，但深知扶贫先扶志、扶贫必扶智的重要性。他暗下决心，孩子上学的事必须及早解决，刻不容缓！

2016年9月，他在朋友圈发送了第一条爱心帮扶的微信。一传十、十传百,很多人通过段玉平了解到当地孩子的生活和教育情况,纷纷报名结对帮扶。段玉平的微信群、朋友圈成了藏族孩子与内地爱心人士联络的渠道。在他的感召下,截至 2019 年 7 月,已有 157 名爱心人士参与帮扶,捐款超过 48 万元,点对点结对帮扶贫困学生 397 人次。每来一批捐赠物资,无论要奔赴多远的乡镇,段玉平都会亲自送到被捐赠的孩子家中,但是改则实在太大了,到远的乡镇有 200 多公里的路程,为了这项分管工作以外的任务,他前后跑坏了好几双鞋。

在当地群众的教育观念逐步发生改变的同时,段玉平也与当地藏族群众结下了深厚情谊。那是 2016 年的冬天,段玉平遇到独自在街边捡拾纸箱子的其美卓玛。段玉平上前询问:"捡纸箱子干啥用?"女孩怯怯地说:"拿回家烧火做饭。"通过与女孩的交谈,段玉平得知,女孩的爸爸离家出走,妈妈身体残疾,她还有两个妹妹,大妹妹是智障儿童,家庭生活十分艰难。

第二天中午,段玉平买了大米、羽绒服、书包,去了其美卓玛家。那是一间十来平方米的出租屋,炉子没有生火,屋子里很冷。他看到屋门上写的两行字——"妈妈,我们爱你""爸爸,我们想你",稚嫩的粉笔字出自其美卓玛之手。此情此景触动了段玉平内心最柔软的地方,他想到远在连云港的女儿,思念与怜悯之情在内心翻涌。此时的他再也忍不住眼中的泪水,当场决定以"帮扶父亲"的身份来帮助其美卓玛。

转眼两年多过去了,其美卓玛从一个自卑、沉默寡言的小女孩长成了大姑娘,学习成绩也进步很快。她在六年级时的一次期中考试中,在 4 个班近 200 名学生中,考出了总分排名第一的好成绩。在 2019 年 6 月结束的小升初考试中,她以优异的成绩考上了拉萨阿里中学。卓玛经常对身边的同学说:"段爸爸让我看到了希望和光明,我很感激他。"

在改则县第一完全小学副校长次仁欧珠看来，段县长对教育的重视，不只关系着一个孩子，还关系着一个家庭，甚至整个地区的未来。

在各方的共同努力下，改则县的教育水平快速提升。2018年6月，改则县第一完全小学小升初创下了历史最好成绩，其中有36人考上了内地的初中班，人数是全阿里地区七个县的第一；受内地爱心人士资助的玉珍小朋友总分全地区第一名，嘎玛次成小朋友总分全校第二名。如今，只要段玉平到学校，下课时孩子们便会围上来，拉着他的衣服，笑着、跳着，亲切地喊他"段叔叔"。

三年改则待下来，段玉平身体出现一系列问题：记忆力衰退，视神经衰弱，左心房左心室肥大、三尖瓣血液回流……但三年援藏，让段玉平觉得自己有机会在祖国最需要共产党员奉献的地方工作，这是一种特殊的待遇和历练。他是一个传递爱心、履行职责的使者，把中国移动关心援助边疆和扶贫攻坚的"力度"变成民生改善的"温度"，送到成千上万藏族同胞的身边，让他们感受到内地同胞的深情厚谊。

"得一官不荣，失一官不辱，勿道一官无用，地方全靠一官；穿百姓之衣，吃百姓之饭，莫以百姓可欺，自己也是百姓。"这一条引用的从政箴言是习近平总书记对党员领导干部的要求中，令段玉平印象最深刻的一条。他深知，人民群众是从党员领导干部的一言一行来评价党的形象、党的工作的，他时常提醒自己牢记"我是谁，我要到哪里去，我在干什么，我应该怎么干"。在改则，三年来，段玉平早已把自己当作一扇窗、一个喇叭，在藏族同胞心里播下"党就在身边"和"56个民族相亲相爱"的种子，让党的关爱和汉藏一家亲的浓浓情意洋溢在羌塘腹地。他坚信："援藏扶贫工作只要一任接一任地干下去，西藏一定会成为人间奇迹！"无论未来身处何地，海拔4700米的改则都将是段玉平一生牵挂的地方。

第六章 携手"大扶贫"

6.2 乡村战"疫"人

"不管难度有多大,我们都要打赢这一仗,无论如何不能让一场疫情毁了这么多年为全面脱贫付出的努力!"这是湖南省古丈县溪流墨村中国电信驻村扶贫队员的心声,更化为他们在疫情防控工作中的实际行动。

在扶贫攻坚的一线,有许多信息通信人忙碌的身影。他们奔波在田间地头,穿梭在村街巷口,用一点一滴的努力,将扶贫工作落到实处,让贫困群众乐享红利。

新冠肺炎疫情发生后,信息通信人克服各种困难,毅然返回工作岗位,坚守在抗疫扶贫一线,守护着人民群众,成就了"最美逆行"。

坚守阵地

2020年1月26日(农历正月初二),河南省信阳市平桥区松岗村所有村组的"大喇叭"都开通了,疫情通报、防控知识、疫情防控指挥部的指令能够及时传递给每一个村民,大大提高了疫情防控效率。中国联通驻松岗村第一书记汪漭终于松了一口气。从2020年除夕开始,他加班加点,为10个村组安装和调测了广播接收设备,助力疫情防控。

在接到疫情防控的命令后,各地的第一书记、扶贫干部顾不上春节休假,纷纷闻令而动,第一时间踏上返村战"疫"的征程。

"1月28日,大年初四,晴。开始书写宣传标语,带着2条横幅和14

张标语去村里张贴，做好抗疫宣传工作。"

"2月1日下午，村里一幼儿发烧，因其与湖北返乡人员有接触史，赶紧联系120救护车送人民医院，希望不是新冠肺炎。晚上牙疼，一宿没睡。"

....

一行行日记，凝聚了中国移动驻村扶贫干部陈纪德将帮扶村始终挂在心头的浓浓深情。疫情发生后，陈纪德主动取消休假，放弃与家人团聚的机会，第一时间赶赴浙江省金华市磐安县其良村，全面投入抗疫行动中。"疫情不灭，我们不退！"陈纪德不分昼夜参与执勤巡防工作，张贴宣传公告、入户发放告知书、为村民测量体温，在各项工作中都能看到他跑前跑后的身影。

面对疫情，扶贫干部不退缩，始终保持"战时状态"。

"你怎么这么早就回来了？"1月25日（农历正月初一）一大早，江西省上栗县赤山镇大院村村民见到王云野，非常惊讶。"放心不下，早点回来投入战'疫'。"王云野是中国电信的一名扶贫干部，他放弃春节假期，从除夕开始一直坚守在防疫第一线，早出晚归，每天工作十四五个小时。

发放宣传单，张贴宣传标语；开着私家车流动宣传疫情防控知识，通报疫情防控形势；逐人逐户地上门摸排疫情，甄别可疑情况，对高风险人员进行重点监测管理；在进村入口的检查卡点值守，严控车辆和人员进出；劝散聚集的人群，劝阻即将发生的人员聚集事件，落实各项防控措施……驻扎在湖南省古丈县溪流墨村的中国电信驻村扶贫队员彭经利、肖兴波和张鸿亮一忙就是一整天，日复一日，天天如此。

疫情就是命令，当冲锋发起时，没有人甘于落后。

攻坚克难

农村疫情防控工作面临人口流动性大、返乡人员较多、口罩消毒用品紧缺、村民聚餐频繁、返乡人员排查难、宣传无法有效覆盖等问题。

在广西，中国移动驻村党员面对问题，不仅当好了疫情防控的"守护人""把关人"，更做好了"宣传人"。他们与村支两委一起，协助做好全覆盖排查，团结动员村民严防死守，做好辖区内的消毒工作。队员们贴标语、挂横幅，宣传劝离聚集人员，在进村入口设置排查点，劝返外来人员，并做好疫情上报排查工作。他们每天奔走在乡村疫情防控一线，并通过电话、微信交流实时掌握村里动态，进一步加强疫情监测报告，确保疫情防控各项措施落实到户到人、不留死角。此外，他们多渠道争取防疫物资供应，利用"和安乡村"业务，向村民推送有关政策措施的宣传信息，极大地提升了基层工作人员的效率，有效减少了面对面交叉感染的风险。

疫情防控期间，中国联通定点帮扶的甘肃省天水市张家川县麻山村返乡人员达到124人，防疫形势严峻。面对该情况，联通帮扶队员们携带第一批防疫物资，驱车千里赶赴麻山村，协助做好疫情联防联控。针对麻山村村民文盲和半文盲占大多数、很多人不懂普通话的情况，帮扶队按照当地的语言风格，撰写了《致广大村民的一封信》，内容涵盖疫情介绍、防疫知识、自主隔离规范等内容，以方言进行广播，并为扶贫通勤车加装车载喊话系统，深入自然村进行宣传。经过这样的宣传，老百姓终于知道该怎样应对这场疫情了。

做好人员隔离管控、避免人群聚集交叉感染是疫情防控工作的重点。扶贫干部站在村头、守住站点，走街串巷开展排查工作，还要面对各种抱怨和不理解。然而，他们始终站在乡村疫情防控最前沿，为乡亲们筑牢疫情防控的"铜墙铁壁"。

"邻近村有 1 名新冠肺炎确诊患者,还有几个村民在湖北打工要回来,防疫形势很严峻。"中国电信驻福建惠安县东坑村的扶贫队闻讯立即行动起来,逐户摸排、核查湖北返乡人员,督促其在家自我隔离,每日测量体温跟踪观察,并组织 6 名党员村民成立劝导队,对村民聚集行为进行现场劝导;他们还在村口设置检查点,配备了 4 个废弃口罩专用收集桶,避免村民随意丢弃口罩造成二次污染。

在河南省洛阳市洛宁县,来自工信部的挂职扶贫干部杨桅和洛宁县的干部群众共同奋战在这场没有硝烟的战斗中。无论是在疫情防控指挥一线,还是在脱贫攻坚的各条战线,都能看到他奔波的身影。疫情发生以后,全国各地防疫物资紧缺。杨桅积极联系当地工业和信息化部门、相关企业,多渠道争取防疫物资供应。在杨桅的努力下,洛宁县的消杀用品紧缺情况得到根本性缓解,杨桅联系到 N95 口罩 2 万只、一次性口罩 15 万只、手持红外体温仪 350 个、门式红外体温仪 1 个,为当地的防疫工作提供了有力保障。

哪里有危险,哪里有困难,哪里就有信息通信业的扶贫干部,他们用实际行动践行着通信人的责任与担当,诠释了对党和人民的忠诚。

 6.3 "香蕉县长"

一纸文件,一打资料,一句承诺,他走出联通大楼,走向了田间地头。册亨县是贵州 4 个最贫困的县之一,但他并没有犹豫,认为扶贫是一份责任,相信自己可以不负使命,在未知领域闯出一番天地。他就是贵州联通在深度贫困县贵州黔西南州册亨县的扶贫干部——"香蕉县长"欧阳川。

初到册亨，谋划在先

2016年5月19日，册亨县委、县政府迎来了来自贵州联通的扶贫干部。山高路远，他们从贵阳到册亨开车行驶了6个多小时，谁也不知道册亨是什么样，只知道这里是贵州省最偏远的地方之一。当地老百姓常常这样形容册亨县和隔壁的望谟县："册望册望，贵州的西藏。"

欧阳川是他们中的一员。为了尽快摸清册亨的实际情况，报到后第二天，他就踏上了调研之路，放弃双休，只争朝夕，用1个多月的时间走访了册亨县所有的乡镇和各个街道。册亨县的乡镇大多偏远，有的自然村只有步行才能抵达。"多走走有助于身体健康嘛，微信步数每天不达3万步绝不罢休。"欧阳川跟同行人员说笑着。他的双腿因长时间行走已经出现了浮肿，但他却说："我又不是来享受的，如果吃点苦就退缩，怎么能够了解真实情况？"

调研中，欧阳川发现，比起山高坡陡、荒地众多的现状，当地老百姓"等、靠、要"的思想显得更为严重。他意识到，为老百姓找出路，更重要的是解放他们的思想，"扶贫不是将钱直接分给老百姓的'假扶贫'，而是要将人们心头求生存、求发展的内生动力激发出来的'真扶贫'"。随着调研工作的深入开展，欧阳川对如何进行帮扶工作有了信心。为了科学有效地进行帮扶，他牵头编制了《中国联通帮扶册亨县"十三五"扶贫规划（2016年—2020年）》。

在这规划中，欧阳川特意写到了当地香蕉农产品的发展现状与未来前景。原来，当地村民近年来开始种植从广西引进的农作物糯米蕉，2016年糯米蕉的种植面积达 6000 多亩，很多村民以种植糯米蕉为主要收入来源。欧阳川发现当地种植的糯米蕉或许可以成为脱贫致富的突破口，不过糯米蕉口感虽好，但是卖相并不出众，价格上不来，经常出现滞销的情况，当地村民种植的积极性不高，由此出现了恶性循环，导致当地村民越种越穷。

打开销路，电商助力

2017 年 4 月，册亨的糯米蕉出现大面积滞销。欧阳川看在眼里，急在心头，嘴上起了好几个泡。他得知省内农产品在"黔邮乡情"平台上销售火爆的情况后，便产生了通过该平台销售糯米蕉的想法。通过与贵州省邮政公司接洽，欧阳川多次深入村寨共商，最终决定以"公司＋合作社＋农户"的模式，通过"黔邮乡情"平台销售糯米蕉。"4 月 18 日，我们的糯米蕉在平台上上线仅一小时就销售了 2000 多单，每单 5 斤。活动持续了 3 个月，我们卖出了 30 多万斤糯米蕉。"欧阳川说到当时的情况和数据时如数家珍。就这样，电商平台改变了过去册亨香蕉只在周边零售和线下销售的模式，首次搭上了电子商务的快车。

"从滞销到热销"，老百姓不仅得到了真真切切的实惠，更重要的是看到了种植香蕉的希望。也就是这一次的电商活动让册亨糯米蕉在网上一炮而红。县委、县政府决定调整产业结构，优化香蕉产业链。"过去村民卖香蕉靠传统的方式，就是找进货商，每斤几毛钱，现在通过互联网销售，价格翻了一倍，从供大于求到供不应求。"欧阳川回忆说。

当时，册亨县虽有 6000 多亩的香蕉地，但是依然难以满足电商的供货需求。欧阳川一方面鼓励村民种植糯米蕉，另一方面想办法提高单位面积的产量。"欧阳县长基本上每周都来村里一趟，有的时候一周来好几次，与村民们座谈，了解种植香蕉过程中的困难。三年来，他不仅从联通公司和县政府争取资金，给村民们修路，解决了进田的'最后一公里'难题，给我们修建了68个蓄水池，还经常请州县的技术人员给村民们进行技术培训和指导。"册亨县洛王村党支部书记王周进说，"他每次都是亲自上山看香蕉的长势，仔细询问村民的困难，在育苗、种植、采摘、销售各个环节上从不缺席，所以村民们都叫他'香蕉县长'。可能在全国很难再找出第二个像他这样在乎香蕉的县长了。"

修路、供水、培训，这些措施不仅提高了糯米蕉的产量，更是激发了村民们通过种植香蕉走上致富路的积极性。在洛王村村民罗福辉看来，欧阳川是一位务实、亲民、有能力的好县长。以前，罗福辉在广东湛江帮着别人收甘蔗，一年到头也赚不了几个钱，后来听说家乡种香蕉、搞电商很赚钱，就回到了洛王村，现在收入比在外打工翻了一番，家里也在江边建起了二层小楼。他说："我们想都没有想过家乡有了这么大的变化，现在不仅可以在家和老婆孩子待在一起，还可以足不出户卖香蕉走上致富路。"

截至2019年9月，册亨县的糯米蕉的种植面积已达8万亩，价格比以前提高了3倍，电商销售订单已超50万单。同时线上带动线下，来册亨订货的人开始多了起来，2019年当地糯米蕉销量已达500多吨。"香蕉县长"用3年时间在贫困县创造了"香蕉奇迹"，"册亨香蕉"成了品牌，"册亨模式"也开始走出册亨，引来众多其他州县的人们参观学习。

此后，电商模式在册亨县逐步全面打开。在充分总结香蕉电商销售经验的基础上，欧阳川积极复制推广，帮助传统企业利用电商平台转型发展，突破困境。他先后帮助册亨县灵芝酒厂探索多元化经营之路；帮助冗渡镇小米辣生产企业在淘实惠平台突破口销量2000瓶；帮助册亨县与岭河茶籽油厂实现产销突破，带动部分茶籽种植农户脱贫。他成功举办了册亨县首届电子商务沙龙和"县域电商创意 + 实战"为主题的电商创业大赛。大赛提升了册亨县农民的电商意识，发掘出了优秀的电商人才，拓宽了城乡脱贫致富的渠道。同时，他引进了贵州狮子楼美食旅游开发有限公司到县城布依文化产业园和双江镇投资，走出了"农业 + 旅游 + 文化"协调发展的新模式。他还谋划了"香蕉小镇"的建设，以打造"香蕉产业 + 大扶贫 + 旅游 + 文化 + 博览会"为一体的现代产业新模式。

为了加快册亨县电子商务扶贫的发展步伐，尽快解决农村电子商务上下行的瓶颈问题，具有计算机、财务、互联网、法务及市场推广等工作经验和专业背景的欧阳川充分利用社会资源，积极协调省政府办公厅、省商务厅、黔西南州商务和粮食局（现更名为商务局）等部门，经过 10 余次拜访协商，终于为册亨县争取到了 1000 万元电子商务建设资金的支持，册亨县也获得了 2016 年电子商务省级示范县的资格。

科学管理，多元发展

"尽管册亨香蕉种植面积已成规模，但是还存在种植亟须科学化管理、产业亟待多元化发展等问题。"欧阳川并没有满足于现状，他觉得眼前的规模效益还不够，还需要让当地香蕉产业走上多元化、信息化的可持续发展道路。

在欧阳川看来，扶贫不是暂时提供帮助，而是要让当地形成有效的、可持续发展的经济良性循环。在整条产业链上延长香蕉产业的生命周期，提高香蕉产品的附加值，通过香蕉片、香蕉牛奶的再加工形式让产品远销各地，这既可以提高册亨香蕉的知名度，又可以为当地贫困户提供更多的就业岗位。

在册亨县岩架镇的贵州篱篌农业发展有限公司，总经理何巨春忙得不可开交。他一边和工人们熟悉着厂房内第一批香蕉片全自动生产的流程，一边又打了几个电话沟通新机器设备的最新状况。何巨春是 2015 年年底来册亨投资的，比欧阳川早到半年，后来他发现可以利用当地果蔬产品做再加工生产，就打算投资 1000 万元建一个厂房。而这与欧阳川的想法不谋而合。欧阳川觉得可以适当地把产业规模做大，他积极向中国联通和县委、县政府申请资金，与何巨春共同投资建厂，结果在计划的基础上，工厂扩大了 3 倍。何巨春说："投产运行后，我们可以帮册亨县在一年内消化 5000 吨香蕉，积极带动当地香蕉业的发展。"

除了让香蕉产业多元化、产业化发展，欧阳川也很重视香蕉的规范化种植和智慧产业的发展。册亨香蕉大数据扶贫产业园占地 500 亩，贵州富亨农业发展有限公司副总经理张礨说："园区将为当地村民提供香蕉种植示范参观、技能培训、大数据监测等功能服务。欧阳川县长带来的联通大数据管理系统，可以实现大数据可视化、物联网溯源和智能化销售等功能。"

欧阳川说："这几年，我们的香蕉产量在逐步提高，但是以往都是农户传统的粗放式种植，现在他们也亟须规范化管理，既要增量，也要提质，在市场中才有竞争力。我们建立示范区后，不仅要为周边农户提供免费的科学方法，更要让这种方法得以传承，避免再次陷入粗放式种植的误区。"

"全心全意为人民服务就是我的初心，心无旁骛地做些实事就是我的使命。"欧阳川在基层中不断磨炼自己的意志，发挥党员先锋模范作用，通过自己的真帮实扶，让更多的老百姓走上了幸福小康路。欧阳川说："这三年多来，最大的体会就是六个字'用心、用情、用力'。用心是一种态度，扶贫讲究真心实意；用情是一种情怀，扶贫是一件功德无量的事；用力是一种担当，扶贫就要全力以赴。"

"要带动不要包揽，要造血不要输血。"作为挂职干部，欧阳川用三年多的时间为当地"造血",交出了一份优秀的扶贫答卷。按照原计划,欧阳川到册亨任职的时间是两年,但到了2018年5月挂职期即将结束时,联通帮扶的一些周期性产业项目才刚启动,册亨的脱贫攻坚战正处于激烈期,他放心不下他所负责的工作,放心不下他帮扶的蕉农,更放心不下他开启的扶贫事业,他不想从一线战场退下来离开。册亨县委、县政府也希望他能继续为册亨脱贫攻坚事业献计出力,于是向联通集团申请,希望他继续留在册亨工作。

说起来,欧阳川三年来最愧对的就是自己的家人,由于工作的关系,缺少对家人的照顾。在孩子高考填写志愿需要给予指导时,他没能陪在身边,没能尽到一个父亲的责任,导致女儿研学的方向没能如愿;妻子做了肿瘤切除手术后,麻药效果尚未散尽,他便匆匆赶赴脱贫一线;妻子左腿膝盖骨折,需要照顾时,他没有履行好作为丈夫的责任,导致妻子左腿肌肉萎缩,固定钢丝松脱,至今不能正常行走。但他一直以炙热情怀和责任担当,奋战在脱贫攻坚一线,不忘初心,砥砺前行。

册亨县委书记詹丹志这样评价欧阳川:"欧阳川虽是作为挂职干部到册亨任职,但是他并没有'挂'的思想,'进了册亨门,就是册亨人''一日册亨人,终身册亨情'是他常说的话,他在扶贫路上每一步都展现出了自己主人翁的精神。"

6.4　背着娃娃去扶贫

襁褓中的娃娃本该在温暖的家中,享受亲情的陪伴,摇篮轻轻地晃着,一旁是妈妈的轻声哼唱,一旁是顺着窗帘洒下的阳光。但是对鲁晖4个月大的小儿子来说,却是在冷风中妈妈的背扇里四处张望,看着陌生的大山。

也许多年后他根本不记得个中情节，但是妈妈鲁晖心里的酸楚和亏欠却将一直存在……

鲁晖，"80后"，云南移动文山壮族苗族自治州马关分公司综合部经理，公司挂钩扶贫党员干部。

鲁晖，一名交通民警的妻子，两个孩子的妈妈，四位老人的依靠……

多重身份在这位平常女子的生活中总是不能切换自如，但她却一直在努力平衡，在看似平凡的日子里演绎出不平凡的精彩人生。亏欠孩子，亏欠家人，纵然遗憾很多，但作为脱贫攻坚这一伟大历史实践的亲历者，鲁晖问心无愧。

2017年，刚休完产假的鲁晖一进公司就面临艰巨的挑战。马关县公司总共有40人左右，面对的是全县约40万父老乡亲。基层的移动人总是一人分饰多角，生产经营、安全管理、综合文秘等看似不相干的专业工作往往一人肩挑。而这一年，边疆的贫困山区马关县也迎来扶贫攻坚的关键之年。马关移动对口帮扶的大栗树村地处山区，自然资源匮乏、经济落后，是扶贫攻坚的重点地区。要做到更高效率的精准扶贫，全面掌握各种信息是撸起袖子加油干的先决条件，这项任务落到了鲁晖等人的身上。尽管公司也在全面协调，想多照顾处在哺乳期的鲁晖，但缺人，实在是缺人！"身为一名共产党员，这点困难我是一定要克服的！"就这样，鲁晖开始了她的扶贫工作，只是没想到，这一去就是一个多月，4个多月大的娃娃就这样跟着妈妈一路披星戴月、四处奔波。

鲁晖的丈夫是马关县交警大队的一名警察，同时也是一名肩"挂"5户贫困户的扶贫干部。双方的老人年事已高，而且身患疾病。鲁晖还有一个大女儿刚上小学，尚需照顾。迫于无奈，鲁晖只好把小儿子背上了山。

大栗树村离马关县城有一个多小时的山路，每天清晨6时左右，把孩子的辅食放进保温桶后，鲁晖就循着破晓的微光出发了。

数据调查，是要进村入户、实地走访，而不是从村委会的花名册里简单照抄。为了能在村民下地干活或是外出做工之前赶到他们家中进行数据调查，鲁晖和同事们总是尽早出发，家庭成员、收入情况、身体健康、致贫原因、现实困难……事无巨细，要的就是"认真"二字。虽然起个大早，但很多时候也无人应门，于是工作的场景常常在村民家门口、村委会、活动中心、田间地头甚至村口的小卖部里频繁切换。空间的转换不足以完成精准调查，就用时间的拉长来换取。晚上八点钟离开是家常便饭，十一二点返回也不鲜见。

一个多月的辛苦终于换来任务的圆满完成，彻底摸清帮扶对象的情况为后来落实具体帮扶工作奠定了坚实的基础。当然，鲁晖和同事们完成的任务还不止这些。

大山深处的乡村需要社会各界的关注与帮扶

作为一名党员，鲁晖真正把为人民服务的思想时刻牢记在心，并且让它落地生根。"我们还义务给村民上'党课'，宣传党和政府的扶贫惠农政策，鼓励他们利用政策，靠自己的力量努力脱贫致富。我们也把'感党恩'的文艺舞台搬到了村里，让老乡们丰富文化生活的同时，也追求精神上的进步。"不仅如此，看到群众有什么需求，鲁晖和同事们就发动公司募捐、自掏腰包，"你看，那两袋小朋友的衣服就是我们公司的同事准备明天给娃娃们带去的。"鲁晖指着办公室的一个角落高兴地说着，眼睛里满是一位妈妈的温柔。

事实上，通过长期深入基层，"鲁晖们"已经成为村民眼中的好女儿、好姐妹、好朋友，村民反而对她们扶贫干部的身份有了一丝模糊，有啥大事小情都愿意跟她们说。很多时候，说者无意，听者却有心了。

村里有一户人家，父亲早逝，母亲的精神方面存在一定问题，迫于生计，得拖着三个孩子远赴浙江打工。孩子到了入学的年龄，在打工地的学校可以享受贫困户的相关政策，但苦于缺少一张马关当地的贫困户证明。鲁晖在村里了解到这一情况后，立即动员大家为他们捐款捐物，并主动奔波于县城和乡镇之间，在派出所为孩子上了户口，在政府的相关机构开出了贫困证明。远在他乡的孩子终于顺利入学，解了一家人的燃眉之急，也为"扶贫必扶智"埋下了种子。

几年间，无论是老人看病、子女就业就学，还是清扫庭院、农忙帮种，甚至是组织义务理发，鲁晖和同事们做了太多太多的"分外事"，不仅为2020年实现脱贫的目标奠定了基础，更在村民心中树立了党员先锋模范的形象，让乡亲们对今后走上更幸福的道路有了更强大的精神动力。

"鲁晖们"在帮老乡干活

而几年间,无论是自家老人就医、子女就学,还是操持家务、照顾亲友,鲁晖却做得太少太少。

就在鲁晖背着娃娃扶贫时,同为扶贫干部的丈夫则带着大女儿,在山头上帮助其他贫困村的村民运材料、搬水泥,以修建通村达镇的硬化路面。可是他们自己回家的路却显得很远很远,远到家里生病的老人都无暇照管。鲁晖的公公眼部长了异物,等了一年多他们才终于有时间带老人上省城昆明看病,这时异物长大了许多,最终确诊为恶性肿瘤。万幸手术成功了,但短暂的喜悦却被心底无尽的悔恨和后怕所淹没。鲁晖的父亲身体也不好,突发脑梗,幸亏抢救及时,化险为夷,可装在父亲脑中的支架却也一同

"装"进了鲁晖的心里,让她日夜担惊受怕。

忠孝不能两全,本以为这应当发生在故事里的英雄人物身上,现在,鲁晖体会到了。

小儿子背在身上,大女儿也一直挂在心上。上小学的大女儿时常会寄宿在同学家里,一度无人接送,小小的身板背着沉甸甸的书包,穿过川流不息的车河,走进学校,伴随她的只有自己的影子。放学时分,老师问独自在校门口张望的她为何不走,她说:"我再等等我爸妈,看看他们会不会来接我……"当在难得参加一次的家长会上听到老师转述的这番话时,平日里看着坚强干练的鲁晖再也控制不住,泪水喷涌而出……

这样付出到底值不值?鲁晖笑着说:"两夫妻挂了 10 户贫困户,如果我们的努力能让他们好过一点,1∶10 还是挺值的。"

6.5 他们,倒在扶贫路上

2013 年 12 月 12 日,中国电信云南普洱分公司党群工作部原副主任、云南澜沧拉祜族自治县上允镇党委副书记、新农村建设工作队队长李学强在工作中突发疾病去世,年仅 59 岁。

2019 年 1 月 13 日,雪后初霁的湖北恩施土家族苗族自治州宣恩县沙道沟镇二台坪村恍若冰雪世界,工作到深夜的扶贫干部向明因公殉职,年仅 37 岁。

2019 年 4 月 1 日,平均海拔超过 3700 米的甘南藏族自治州玛曲县依然春寒料峭。中国通服甘肃监理公司项目管理部主任杨立群和同事们验收完最后一个电信普遍服务站点，突发高原反应，将 48 岁的生命永远停留在他所热爱并为之奋斗的网络扶贫路途中。

2019 年 10 月 22 日中午，中国电信云南怒江分公司办公室（公司扶贫办）副主任和晓宏、办公室工作人员李志瑛从云南省贡山独龙族怒族自治县茨开镇嘎拉博村开展"挂包帮"工作归来途中，车辆行驶至福贡县鹿马登乡境内喀东线 K6900+814 米处时，发生意外坠入怒江，两人一同遇难。

脱贫攻坚是场硬仗。在扶贫这条路上，有些人倒下，就再也没有醒来……

| 用有限的生命给予无限的爱

每天早上 6 点起床，扫地、喂鸡、煮早饭、挖菜地、撒豌豆。这是李学强在普洱市澜沧拉祜族自治县上允镇翁板村任新农村建设指导员时的日常生活。

翁板村地处偏僻，经济落后，生活条件艰苦，农民人均年纯收入只有 1200 多元。2011 年 3 月，李学强一身迷彩服，戴着草帽，穿着胶鞋，扛着锄头镰刀来到村委会。他平均每个月在翁板村要待 28 天，与村民同吃、同住、同劳动，成了有名的"大黑老李"。

翁板村有 16 个村民小组，遍及周围十几公里，有的地方还不通汽车。到了翁板后，李学强第一件事就是走村串户，一天一个组，半个来月他就走遍了所有村民小组，每家的基本情况都密密麻麻地记在工作日记本上。帮老乡干农活，是李学强的一大"爱好"，打谷子、砍甘蔗、犁田，他样样精通……村里的人都说："这个李指导，就像我们家里人一样。"

时间久了,李学强和大家关系越来越近,大家都亲切地叫他姑爹、阿叔、姐夫、大爹……把李学强当自家亲戚。这个亲戚经常会说一句话:"我是翁板人,你们的事就是我的事,大家不要客气。"

为帮村民鲍良盖房子,李学强到他家十多次,找人"化缘"5000块红砖,又帮他联系水泥和木料。一次,李学强到上翁板村民小组会计魏金祥家了解村民的生产情况时,发现魏金祥的父亲魏三贵长期患高血压,经常头晕,只能躺在床上。第二天,李学强马上到镇上,自己出钱买车票,到县城买药,亲自送到魏金祥家。

每次外出开会或过节回家,李学强总要花许多时间去采购,大包小包的都是村民需要的食品、衣物、药品等,回到村里后再挨家挨户送上门。

李学强的心愿是不但要使翁板村村民脱贫,更要使他们成为有知识、有文化的新型农民。他要求16个村民小组必须建立"农家书屋","没有知识,就没有进步的可能"。他不但联系各方,为翁板村完小捐赠文体用品,并因地制宜改善当地的办学条件,还经常与家长沟通,叮嘱他们要重视孩子的教育。在李学强和大家的共同努力下,翁板村的孩子不仅可以上学学知识,还可以参加学校的勤工俭学,自己种菜、栽火龙果,解决吃菜吃水果的问题,减轻了村民的负担,增加了学生的营养。在李学强的努力下,全村学龄儿童入学率达到100%,失学率连续3年都是零。

结合翁板村的实际情况,李学强形象地将新农村建设指导员的职责比喻为"帮村民多挣点钱,让村民有一块水泥地能唱歌跳舞"。为了这个看似很普通的目标,李学强又拿出"拼命三郎"的劲头,出主意、找资金、寻外援、引技术、做示范……

李学强和村里的儿童。孩子们如今的学习条件有了很大的改善

"事无巨细,百姓的事,就是我们的事",在李学强的办公室,有3本写得密密麻麻的民情日记,上面每一条记录都是他东一家、西一家实实在在问出来的。每到一个村寨,他都会把人口数量、人均收入、产业状况、村里存在的突出问题等村情民情认真地记录在日记本上。

翁板村的传统产业有甘蔗和水稻。李学强走访后决定引导村民发展新产业。每到一个组,他都会在民情日记中写下对村民小组的发展建议:"果闷、老马科的杂木林地多,可大力发展种植思茅松、西南桦林的产业,10年后就可成为绿色银行""铁里、大南信的海拔在1000米左右,可种植咖啡豆""上、下翁板的周围可以多种甘蔗,蔗糖收入比菠萝高很多,还可以再种一些火龙果""要制定相应的村规民约,保护翁板村的特色产品,比如黄鳝、酸蚂蚁……"

　　提高村民收入，就要通过实实在在的效果，改变村民传统的生产习惯，种植有高附加值的经济作物。李学强自费买来种子，在村委会旁边锄出一亩地，种起了蔬菜、冬玉米、澳洲坚果等，还养了鸡，等收获后，再挨家挨户向村民推广，带动村里的产业调整。

　　饮水安全问题是影响村民健康的重要问题，也是李学强最关心的事之一。因水源点干枯，小芒来、老马科、下翁板等村民小组缺水多年，而且水质也无法保证。为寻找新的水源点，李学强带着大家披荆斩棘，跑遍周边每个山头，终于找到了新的水源点。然后，他又去争取资金，架起引水管，垒成蓄水池。如今，涓涓清流解决了缺水的村民饮水困难的问题。

　　村内路面的水泥硬化，还有公厕的修建，不但可以改善农民的居住环境，更可以将文明健康的生活方式引入农村。三年来，李学强协调资金，找来水泥，带领村民一起动手，解决了果闷、老马科等四五个村民小组无公厕、无水泥路面的问题。在大、小南信的水井硬化和公厕建设中，5个月的时间，李学强每隔四五天就骑着摩托车，顶着酷日，颠簸十来里山路，守在施工现场，这边看看水泥的搅拌情况，那边又看看砖砌得如何，就是为了向村民交上一个放心工程。

　　翁板村大部分村民由佤族和拉祜族组成，逢年过节，或是谁家碰上喜事，还有许多集体性活动，大家都要跳上一场圆圈舞，边舞边唱。跳舞的地方是砂土地，常常是晴天一身土，雨后一身泥。李学强又想方设法，为每个村民小组修了一个水泥的文体活动场地（兼篮球场），还为有的村民小组建起了文化活动室。

　　要致富，要发展，先修路。这路，既包括跑车走人的公路，也包括连接外面精彩世界的互联网之路。作为通信人，李学强发挥自身的工作优势，为村委会和村完小安装了计算机和有线宽带。自从有了计算机，村委会就成了一个学习中心，大家学技术、查信息，"有图像有声音，学起来特别快"。翁板村盛产香蕉，以前由于通信不畅，村里的香蕉要挑到镇上卖，辛苦不说，价格也低，储藏不好，香蕉还会变质，只能烂掉；现在，村民不仅能用手机随时与买主联系，还可以上网查询各地的市场价格和渠道，找好时机，卖个好价钱。

李学强参加新农村建设，一干就是近5年，前后在3个村子担任过新农村建设指导员，其中在普洱市澜沧县上允镇翁板村时间最长，直到病逝在驻村第一线。2013年12月12日，李学强在工作中突发疾病去世。当天，300多名村民手举火把，彻夜为他守灵。

▎大山留下的诗行

1981年10月26日，向明出生在湖北省恩施土家族苗族自治州宣恩县万寨乡一个农民家庭。父亲去世早，是母亲含辛茹苦把他抚养成人。乡村的生活是不容易的，大山里的生活就更难了。"靠天吃饭"，那种对大自然的仰仗，那一个"靠"字极易让人从骨子里生出些许小心翼翼。

向明从小就立志发奋读书，这是改变命运最好的途径。十二年寒窗，2001年9月，他以优异的成绩被武汉理工大学通信工程专业录取。大学毕业后，他毅然回到家乡，为了改变家乡的落后面貌而奋斗。次年，他进入中国移动宣恩分公司，实现了他人生的第一个目标，有机会能将自身所学挥洒在这块贫瘠的土地上。

2017年8月，盛夏时节，在宣恩移动任职的向明来到了宣恩县沙道沟镇二台坪村，加入了精准扶贫工作队。这个村子是一个三面临崖的高山乡村，平均海拔在 1350 米以上，年平均气温在 15 摄氏度左右。这里一半以上的劳力都外出打工，人均年收入不足 1000 元。全村基础设施薄弱，水、电、路、通信发展落后，村内无主导特色产业，村民无稳定的收入来源，只有靠唯一的一条进村的山路来维持生计。

向明加入了精准扶贫工作组

进村的第二天，向明动容地说："在村子里，我没有陌生感和距离感，因为我是本地人，生在大山、长在大山，这里的一草一木我是再熟悉不过的了，这可能就是注定的一种使命吧。"

入村以来，向明多次深入农户进行摸底调研，深入田间地头及贫困户家中进行调查核实，掌握了贫困户的基本情况和贫困原因，制作了100多页详尽的民情档案和细致的民情地图，积累了500多张照片资料。他带领村支两委，有力地推进贫困户建档立卡工作，从无到有建立了贫困户识别、评议、公示直至脱贫的流程台账。

在二台坪村工作的一年多时间，他走遍了全村70多个特困户的家庭。在调查时，他发现周才清老人病危，就立即背起老人下山治病，步行几公里山路将老人送至医院，脚上磨得全是血泡，安排好就医事项后才离开，老人得以转危为安。还有一次，听说刘为城夫妇身体不好，他惦记在心上，总是抽时间去探望。这一件件暖人心的事，老百姓都看在眼里。村民们常说："小向真是我们的自家人。"

为了改变二台坪村的落后面貌，向明提出了以党建为龙头、带动村里全面工作的思路，作为打赢脱贫攻坚的着力点和突破口。他不是党员，作为党员发展对象的他，从内心里是按照党员的标准来要求自己开展工作的。在他的带领下，村里健全了规章制度，加强了党员教育，培养发展了党员，选配了后备干部等，村党支部的战斗堡垒作用和党员的先锋模范作用树立起来了，村支两委班子的战斗力提高了，党员群众的心凝聚在一起了，二台坪村有了一支"带不走"的工作队。

晴天一身灰，雨天一身泥，出行难是严重制约二台坪村发展的难题之一。面对村路不通的问题，向明积极协调，争取政策支持，依托财政专项资金的扶持，实现了村通公路主干道全部水泥硬化。

村里的路通了，但如何让农业增效、农民增收呢？经过向明的仔细调研，村两委决定产业发展不能仅仅放在传统的烟叶种植上，要结合当地实际情况及市场产业化需求，大力发展庭院经济、种植各类应季蔬菜。他从县农技推广中心请来专家进行培训，带领和指导农户种植以辣椒、四季豆为主的高山无公害蔬菜。现在，二台坪村几乎家家户户都种植了庭院蔬菜，小庭院、大经济，庭院产业实实在在地帮助困难老百姓解决了一部分生活难题。

信息不通畅也是阻碍发展的一大关键，在向明的努力和村支两委的申报争取下，在县、州移动分公司的大力支持下，村内新建了一座4G移动基站，4G网络的覆盖率达到99%。

随着政府扶贫资金的逐步到位，一些"老大难"的问题也得到了解决：饮水管道入户，村民们喝上了清泉水；村委会办公室正投入使用，结束了开会"打游击"的历史；建起了村卫生室，着力解决了村民看病难的问题。生态旅游产业也得到了发展：垂钓厂、跑马场、采摘园、烧烤园、篝火晚会场地、文化广场、观景台、游客接待中心等已初具规模。

如今的二台坪村展现出一幅美丽乡村的图景。2019年1月13日，雪后初霁的二台坪村恍若冰雪世界。夜深了，年仅37岁的向明牺牲在精准扶贫的工作岗位上。

3年他走遍了157个行政村

2019年4月1日，一个48岁的生命永远定格在了藏东高原上，他的名字叫杨立群。

4月的甘肃已有了点春意，但距离省会兰州400公里的甘南藏族自治州玛曲县，因为平均海拔超过3700米，依然春寒料峭。杨立群和同行的省通信管理局及单位的同事们验收完最后一个站点，收起工具和笔记本。就在回到车上的瞬间，他脸色苍白，呼吸急促，忽然昏睡过去，此后竟再也没能醒来。

杨立群1989年从南京邮电学院通信线路专业毕业后，在新疆石油管理局独山子炼油厂通讯公司工作了5年。他自1995年进入邮电通信行业，始终摸爬滚打在基层一线，即便是在担任领导职务之后仍然坚持奔波在基层和施工现场。遇到重点项目、技术难点，必定亲自上阵，随叫随到，足迹遍布甘肃省内所有市州及青海、新疆等地，从未听见他抱怨一句工作的苦，相反，叫苦的人还屡次被他开导。

用生命奋斗在网络扶贫路途中的杨立群

2017年，受甘肃省通信管理局委托，杨立群以专家的身份参与全省第一、第二、第三批电信普遍服务试点项目验收工作。3年间，他走遍了省内平凉、陇南、武威、张掖、酒泉、甘南等12个市州157个行政村，累计验收站点566个。这些数字乍看起来或许并不起眼，可是当我们铺开一张甘肃地图，用线去勾画他3年的足迹，才发现那是怎样崎岖坎坷、绵延漫长的一条路！这条路连接四季变换、穿越戈壁高原、横跨山岭河流、深入田间村头。要知道，这并不是他3年来的全部工作，他生前供职于中国通服甘肃监理公司，任项目管理部主任。

自2015年国家实施电信普遍服务试点工作以来，甘肃省信息通信业紧密结合全省脱贫攻坚形势任务，抢抓机遇，积极作为，着力补齐农村信息通信基础设施短板，通过3个批次的建设，实现了全省12个市州11 230

个行政村的光纤网络覆盖。这当中包括 3720 个深度贫困村，特别是第三批试点项目建设，覆盖全省脱贫攻坚重点地区的临夏回族自治州、甘南藏族自治州，为全省顺利完成脱贫攻坚工作奠定了坚实的网络基础，肩负起了通信行业的历史使命和责任担当。

2019 年全国两会期间，习近平总书记专程参加甘肃代表团的审议，他指出，"脱贫攻坚是一场必须打赢打好的硬仗""越到紧要关头，越要坚定必胜的信心，越要有一鼓作气的决心，尽锐出战、迎难而上，真抓实干、精准施策，确保脱贫攻坚任务如期完成"。总书记对脱贫攻坚的重要指示精神和殷切希望激励着甘肃各行各业的干部群众，杨立群也身在其中。

从接受任务伊始，杨立群就深知这不是普通的项目验收，它承载着国家乡村振兴战略的落地实施，更承载着贫困群众的脱贫希望，必须干好干成，没有后退的余地。

杨立群带领团队学习新颁布的《通信建设工程质量监督管理规定》，掌握质量监督内容和程序，反复修改斟酌验收方案，从工程质量、电气性能、文档归档等方面提出建议，形成完善的验收方案。验收过程中，他的严格和认真是出了名的，材料要现场抽检，杆路要亲自复测，检测数据要逐条记录，时不时还要掏出手机拍照留存影像资料。遇到把握不准或遗忘的技术要点，他常常会组织大家现场学习国家和行业的相关规范，尤其针对电信普遍服务工程建设中诸如线路的安全距离、长杆档技术要求、各种接地制作等涉及强制性条文的工序，他总是一丝不苟，甚至有点"不近人情"。《工程建设标准强制性条文》《宽带普遍服务质量管理系统总体要求》是他双肩包里的必备之物。

杨立群（左四）和团队在扶贫现场

说起双肩包，就不能不提起杨立群多年来坚持的步行习惯。繁忙工作中的步行既调节了身心又可以让人冷静慎思，而双肩包则帮助他解放了双手。大步流星，紧凑干练，成了他最后留存的形象烙印。

长途跋涉和高强度的验收工作让人常常不能保证正点吃饭、按时休息，有时还要加班加点整理资料，但杨立群的乐观、豁达、执着经常让身边的年轻人忽略了他的年龄，大家对他的冲锋在前早就习以为常。验收任务分配时，条件差、路途远、数量多的地区总是被他"争取"过去。

还记得2018年7月，在去陇南市宕昌县阿坞乡验收的途中，突然乌云密布，暴雨倾盆，山体多处塌方，道路路基沉降，为了不影响验收进度，杨立群带领验收人员顶风冒雨坚持工作，在泥泞中硬是完成了全部验收任务。

甘肃地形东西狭长，尤其是河西地区地貌多变、地广人稀，杨立群在地处塔克拉玛干沙漠边缘的酒泉市阿克塞县验收时，发现该县大多数行政村不具备照明条件，且村与村之间跨度大，自然条件和基础设施较差。为尽快让电信普遍服务试点项目惠及老百姓，杨立群带头增加工作强度，在保证质量的基础上极力压缩验收时间，日夜兼程，风餐露宿，终于提前实现了网络覆盖。

生命既顽强又脆弱，它是像冬梅一样披雪绽放，还是如夏花一样落雨凋零，取决于你直面它的态度。杨立群用他的坚毅、执着、果敢，诠释了平凡的生命也可以鲜活生动。

| 用生命践行扶贫使命

在澜沧江畔长大的和晓宏是个地地道道的傈僳族汉子。在他的日记里，记录着这样一件事：2019年7月27日上午，家住贡山独龙族怒族自治县茨开镇嘎拉博村其郎当二组的鲁兰英等23名在读大学生来到村委会，将一面印有"感谢助学恩德，学成报效祖国"的锦旗和23封感谢信送到了中国电信驻村工作队队员手中，以此表达对怒江电信捐资助学的感激之情。

那是在2019年年初，和晓宏和驻村工作队在遍访贫困户时了解到，村里在读大学生对完成学业和未来就业存在担忧和顾虑。为激发学生们的学习热情，鼓励他们迎难而上，7月6日，中国电信怒江分公司举办暑假返乡大学生座谈会，为23名在读大学生每人发放了500元的助学金。

和晓宏与贫困户在一起

在嘎拉博村古当小组，住着和晓宏负责的 4 户挂联帮扶困户。这个小组地理位置偏僻，道路崎岖，这里的一方水土养不活一方人，只能整组搬迁。一开始，大部分农户都有这样那样的顾虑，搬迁工作并不顺利。和晓宏与同事进村入户反复做工作，最终，他负责的这 4 户都住进了安置点的新房，开始了新的生活。

"融在血液中的坚强，刻在心底的善良"，这是和晓宏生前在一本笔记本的醒目位置上写下的一句话。这是他的人生信条，也是他年轻生命的写照。

2018 年，李志瑛被调到中国电信怒江分公司综合办（扶贫办）。她是白族，不懂傈僳语，而嘎拉博村农户都是傈僳族。为了方便与村民交流，更好地做好入户信息采集等工作，李志瑛自己找来光盘，学习傈僳语。

"她不像一个坐办公室的工作人员，更像一个山村农民，很能吃苦。她喜欢农村生活，喜欢和老百姓打交道。"说到李志瑛，嘎拉博村党支部书记钱永生有着这样的印象。

2018年,李志瑛到鸠木当小组野牛谷给农户宅基地定位时,发现移动网络的信号忽强忽弱,难以准确定位。"这么偏远的地方,农户家中发生急事需要联系外面,万一电话打不通怎么办?"李志瑛经过详细的调查,建议公司实施信息扶贫工程,在鸠木当建设移动基站,解决野牛谷信号不稳定的问题。2019年9月,野牛谷新建了一个4G无线基站,从此村民们有了稳定的网络。

李志瑛在整理扶贫材料

2019年3月,李志瑛到嘎拉博村驻村20天,与村干部、驻村扶贫工作队一起,白天进组入户,开展贫困户人口、收入、产业、宅基地定位等基础信息数据的采集工作,为农户安装社会扶贫App。晚上回到村委会,她又整理资料、填写表格,将信息数据录入系统,往往忙到深夜才休息。

"秋天的宁静高远,像一面明洁的镜子,映照着大地万物,生活是一段精彩的旅程……"10月16日,李志瑛又来到嘎拉博,把峡谷美景和自己的感受分享到朋友圈。在嘎拉博的6天里,李志瑛起早贪黑,入农家、进田间,每一户农家、每一个数据都反复核对。驻村扶贫工作队队员何旭见李志瑛咳个不停,劝她注意身体。李志瑛却说:"嘎拉博今年要脱贫出列,信息数据非常重要,一刻也耽误不得。"

入户时,有4个农户家里没人,李志瑛电话联系几次都没有等到他们回家。"过几天我再来,一定要面对面问,实际入户调查,数据才真实,大不了我多跑几趟。那 4 户人家回来后,你要记得及时通知我。"10 月 22 日,李志瑛离开嘎拉博前,一再叮嘱公司驻村扶贫工作队队员何旭。

10 月 22 日中午返程途中,和晓宏和李志瑛乘坐的车辆在福贡县鹿马登乡境内坠江,他们将生命永远留在了滚滚怒江水中。

李学强、向明、杨立群、和晓宏、李志瑛……这些平凡的人走进大山,扎根贫瘠的土地,用自己的专业为贫困地区搭建起与世界沟通的信息桥梁,用热爱和责任在这片土地上播撒着希望的种子。他们倒在了扶贫路上,而他们的名字永远留在了这片土地上。据国务院扶贫办的数据,截至 2019 年 6 月底,770 多名扶贫干部牺牲在脱贫攻坚战场上。向扎根一线、一心为民的扶贫干部们致敬!

第七章

贡献中国智慧

实现全国98%的行政村通光纤、通4G！做到城市和农村"同网同速"！

这是前所未有的时代创举，这是泽被后世的惠民丰碑，让国人惊叹，令全球瞩目。

如今，我国电信普遍服务和网络扶贫行动已成为全球标杆，不仅因其巨大的经济学价值，更因其影响深远的社会学意义。中国在网络扶贫领域的探索，为全球减贫事业提供了新方法、新路径，贡献了中国力量和中国智慧。

7.1 当惊世界殊

近年来,我国信息通信业不遗余力地进行宽带网络建设和优化升级,尤其是针对偏远地区的电信普遍服务试点项目陆续有效开展,使我国的宽带网络覆盖水平和网络速率都发生了翻天覆地的变化。我国已经从通信业的跟随者一跃成为全球领先的通信大国,尤其是在农村宽带网络普及方面的成绩显著,呈现城市、农村宽带网络的发展齐头并进的态势,相比国外农村宽带网络普及推进难的情况,"数字鸿沟"这一世界性难题在我国正被逐步解决。可以说,我国农村的宽带网络普及工作已成为全球标杆。

弥合"数字鸿沟"成世界难题,我国后来者居上

谈到农村通信网络的发展问题,首先要提到的就是"数字鸿沟"。这一概念最早由美国国家远程通信和信息管理局提出。它是指当代信息技术领域中存在的差距现象,既存在于信息技术的开发领域,也存在于信息技术的应用领域,特别是指由网络技术产生的差距。

2002年,全球互联网泡沫刚刚破灭。但是,信息技术给人类带来的影响却没有随着泡沫褪去。各国领导层意识到,信息技术创新将给人类社会带来前所未有的变革,而在这场变革中,不应该有人被遗忘,尤其是那些偏远地区的人口。

那一年，联合国负责信息和通信技术事务的部门——国际电信联盟将当年的电信日主题定为"信息通信技术为所有人服务：给予人们跨越数字鸿沟的能力"。"数字鸿沟"因此得到更为广泛的重视。在此后召开的信息社会世界峰会上，60多个国家的元首或政府首脑到会，规格之高前所未有。大会疾呼："数字鸿沟"不仅仅是科技的鸿沟，更是发展的鸿沟。这一盛会再次使"数字鸿沟"获得了前所未有的关注。

在其后至今的近20年间，国际社会和各个国家持续下大力气弥合"数字鸿沟"，想方设法解决这一世界性难题。目前看来，因为国情不同、政策不同，各国在弥合"数字鸿沟"方面收效各异。而中国，无疑是其中的佼佼者。

让我们将时间拉回到2013年。那一年，"宽带中国"战略发布。当时，我国的宽带仍处于起步阶段，与发达国家和地区的电信市场差距明显。根据国际电信联盟当年发布的《衡量信息社会》报告，截至2012年年底，我国的家庭宽带普及率刚刚达到全球平均水平——37.4%，而这一数值在我们的近邻韩国已经高达97%（位居全球首位），该数值在日本也高达86%。当时，我国的固定宽带普及率为13%，截至2012年年中，光纤普及率将近5%，而同期，美国的固定宽带普及率约为28%。

就我国城乡宽带网络的差异来看，2013年"宽带中国"战略发布时，我国农村宽带人口普及率仅为6.3%，低于城市12.6个百分点，城市与农村的"数字鸿沟"非常明显。

然而起点低并未阻碍我国农村地区的网络腾飞。相反，经过多年的持续努力，我国不仅在城市宽带网络普及方面实现了赶超式发展，更是在农村宽带网络普及方面取得了非凡成就。工信部2019年8月发布的数据显示，我国行政村通光纤和通4G网络的比例均超过98%，试点地区平均下载速率超过 70 Mbit/s，基本实现了农村与城市"同网同速"。

在"世界之巅"珠穆朗玛峰，在祖国最南端的三沙，在人迹罕至的雪山，在偏远古老的村落，信息通信人将宽带网络铺遍了神州大地，也将全新的信息生活带给了更多人。不得不说，对国土面积宽广、山区地形复杂、农村人口众多的我国来说，取得这样的成就极其不易。相比之下，在与我国有着同样网络部署情况的一些国家，农村地区的通信始终是其难以解决的顽疾，特别是新冠肺炎疫情暴发后，人们"宅"在家中，以往难以解决的网络问题更加突出。

反观中国，疫情期间，我国基础电信企业长期以来不遗余力建设的宽带网络经受住了考验。居家办公、在线学习、网上消费、远程协作……都在稳定网络的支撑下有条不紊地展开。以线上教育为例，全国大中小学校 2.65 亿在校生全面转向线上课程；在线教育用户规模达 4.23 亿，几乎一半网民在使用在线教育。网课需求增长速度之快、时间之紧、流量峰值的难以预测，都属"中国互联网头一遭"。来自日本东京一家电视台的记者在我国某平台观摩了一堂在线网课后大为惊叹：课堂上，老师随机点名，身处天南海北的学生们，无论是在大城市还是偏远乡村，都实时反应、流畅作答。这让日本记者直呼"你们网络的支持能力怎么这么强"。

毫无疑问，在新冠肺炎疫情的"大考"下，我国的宽带网络展现出了超强的实力。尤其值得赞叹的是，在网络的帮助下，偏远地区的人们没有因为居家而被"隔离"，大多数的工作、学习、生活需求都因为网络的助力得以满足，即使是那些身处大山深处的"学子"也能"停课不停学"。而这，正是我国信息通信业近年来在电信普遍服务攻坚战中以艰辛努力换来的成果，也是我国在弥合"数字鸿沟"方面迈出的坚实步伐。

找准政策发力点，制度优势最突出

事实上，各国对于在农村地区普及宽带网络早已达成共识，各类支持政策也层出不穷，但迄今为止，如我国一般在攻克农村宽带网络普及难题方面取得巨大成就的国家并不多见。我国取得的成就主要得益于政府的高度重视、通信主管部门制定的政策得力，再加上根据进展情况进行的及时调整，而承担普遍服务义务的电信运营企业具有强烈的社会责任感，不计成本地推进偏远地区的宽带网络建设和维护，也为取得这一成就作出了巨大的贡献。

从国际上来看，为解决农村宽带的发展难题，全球主要有几大类模式。

一是以电信普遍服务基金为主导、政府短期财政资金为补充的实施机制。美国、印度、土耳其等国采取的是这种方式。例如，美国联邦通信委员会在2011年10月通过了针对普遍服务基金和运营商间补偿制度的改革计划，创立了年度预算高达45亿美元的新的"连接美国基金"，目的是让700多万居住在乡村地区的美国人享受至少4 Mbit/s的宽带接入；2019年10月15日，建立了一个200亿美元的新农村宽带基金来推动无服务地区的宽带服务扩展；同年12月，再次宣布启动一项90亿美元的基金，以加速美国乡村地区的5G网络建设。

二是创新PPP模式[①]来推动高成本地区的宽带建设。欧盟国家广泛采用这种模式，将宽带建设区域分成黑区、白区和灰区，黑区是可以赢利的地区，不需要政府资助；白区是高成本、不易建设宽带网络的地区，需要政府投资；灰区是灰色地带，处于可赢利与不可赢利之间，只有满足一定条件才可以由政府资助宽带建设。

三是在"数字红利"频率拍卖发放时，将农村移动宽带人口覆盖作为附

---

① PPP即Public-Private Partnership，公私合作伙伴模式。

加前提条件。德国、瑞典等国采取了这种模式。例如，德国 2010 年 5 月首次拍卖 800 MHz 的数字红利频段，要求中标运营商必须优先覆盖 13 个白区 90% 的人口，而后才能在城市地区使用 800 MHz 的频段组网。

四是成立由政府主导的国家宽带网络公司，承担全国性的网络建设。新加坡等国采取了这种模式，但均几近失败。

不得不说，尽管不少国家绞尽脑汁出台各种支持政策，希望刺激本国农村宽带网络的普及，但是从目前来看，形势不容乐观，网络覆盖问题早已成为经年沉疴。

而在我国，日常的通信服务可以说已经四方通达。即使是在疫情期间，通信需求暴增，我国的电信运营企业也能做到极速响应，第一时间解决用户需求。据《人民日报》报道，2020 年抗击新冠肺炎疫情以来，电信运营企业新建 4G/5G 基站超过 6.3 万个，新增光纤端口 510.9 万个，成功应对网络流量的集中爆发，保证线上教学的网络"高速公路"的畅通，保障了 2 亿师生"停课不停学"。

这主要得益于我国通信主管部门长期以来的适时引导和电信运营企业的强力担当。同国外相比，我国在农村通信普及方面并没有墨守成规，而是根据自身国情走出了一条中国特色的电信普遍服务之路。

2004 年，国外多国电信普遍服务机制已经运行多年，已有一定经验，但我国通信主管部门根据我国国情，大胆舍弃国外经验，创新性地提出"分片包干"机制，当时的中国电信、中国网通、中国移动、中国联通、中国卫通、中国铁通六大运营商分片包干，不计回报，服务民生，在 5 个试点地区轰轰烈烈地启动了电话"村通工程"。

十年"村通工程"的耕耘，使得我国农村电话实现了全面突破，为如今的农村宽带网络全面开花打下了坚实基础。2013 年，我国发布"宽带中国"

战略。工信部进行了费用测算，若要完成"十三五"时期定下的电信普遍服务目标，需要资金近 800 亿元。显然，继续实行"分片包干"制度，由企业全部承担这笔费用是不现实的。经过反复论证，成立普遍服务基金的做法被否定，最终决定采用财政补贴的方式推进电信普遍服务。这种方式与成立基金相比优势明显，我国财政补贴拨款需当年拨款当年使用，第二年进行验收，这有利于提高电信普遍服务的推进效率，保证按时甚至提前完成预定目标。电信普遍服务补偿机制本着"中央资金引导、地方协调支持、企业为主推进"的原则，中央政府平均补贴 30%，发挥地方政府的积极性，偏远和农村地区宽带投资采取多元化资金来源和市场化运作。这是我国电信普遍服务机制的一次重大政策突破。由此，我国的电信普遍服务补偿机制、我国的农村宽带网络建设翻开了一个崭新的篇章。

在电信普遍服务的道路上，我国电信运营企业的责任担当尤其值得赞赏。农村及偏远地区经济基础相对薄弱、地理环境复杂、人口居住分散，宽带建设投入大、运行维护成本高，且投资收益低。这是很多国家面临的共同难题，也是多数国家电信普遍服务推进难的根本原因。企业是经营主体，以逐利为本性，为此，在很多国家，即使政府针对偏远地区给予了高额补贴，但推行电信普遍服务依然遭到通信企业的冷遇。若不能赚钱，受资本驱使的企业一般是不会投资建网的。而我国电信运营企业作为中央企业，肩负政治责任、社会责任、经济责任，在关乎国计民生的重大问题上，从来都不是只考虑眼前的经济效益，而是识大体、顾大局，以人民福祉为首要目标，即使是在收不回投资的偏远地区，只要有需要，就会不讲条件地建设网络，并日复一日地进行维护，不计回报。在西藏等地，宽带网络时常被泥石流等冲毁，电信运营企业员工跨越无人区去快速抢修已是寻常事。这在其他很多国家都是不可想象的事。这样的投入和付出充分体现了大国央企强烈的政治责任感和使命担当，是我国社会主义制度优越性的集中体现，也是我国农村地区网络发展能后来居上、大幅领先于其他国家的主要原因。

"小康不小康，关键看老乡。"农村的发展水平对能否全面建成小康社会有重要的影响。而要缩小城乡差距，一个有效手段是为广大农村建好宽带基础设施，填补城乡"数字鸿沟"。因为宽带网络是信息时代为农民提供的基本公共服务，是促进农业现代化和农村信息消费的重要支撑。有了宽带，农民才能与城市居民一样享受到智慧医疗、远程教育、电子商务等信息化的发展成果，提高生活水平，实现脱贫致富。如今，高速顺畅的网络已经通达了我国大多数的农村地区，在奔小康的路上，农民正插上信息化的翅膀，加速前行。

7.2 奇迹的背后

2020年5月，四川传来振奋人心的消息：信息通信业圆满完成专项扶贫任务，实现全省所有行政村100%通光纤、100%通4G网络的"双百"目标。在地形复杂、自然环境恶劣的四川深度贫困地区，完成行政村光纤宽带和4G网络全覆盖实属不易，这不仅仅对四川省的脱贫攻坚行动意义重大，而且也是我国电信普遍服务和网络扶贫取得历史性成就的又一个重要实践。

经过改革开放以来特别是党的十八大以来的迅猛发展，我国信息通信业实现了由小到大、由弱渐强的历史性跨越，农村通信的发展成就更是举世瞩目。由于电信普遍服务试点项目的全面有序推进，在短短的几年间，我国行政村通光纤、通4G网络和贫困村通宽带的比例均超过98%，创造了世界奇迹，赢得了国际社会的广泛关注和高度评价。

在中国这样一个地形地貌复杂、很多地区自然环境恶劣的大国，让绝大多数行政村和贫困村实现宽带覆盖的奇迹是如何创造的？

｜顶层设计，政策支持

电信普遍服务和网络扶贫从根本上说是一项公益工程，政府的重视、政策的扶持发挥着关键作用。党的十八大以来，以习近平同志为核心的党中央高度重视扶贫开发工作，提出了"精准扶贫、精准脱贫"的战略思想，并对如何发挥宽带网络和互联网在扶贫攻坚中的作用提出了明确要求，推出了一系列政策措施。

2016年4月，在网络安全和信息化工作座谈会上，习近平总书记提出，"要加大投入力度，加快农村互联网建设步伐，扩大光纤网、宽带网在农村的有效覆盖""可以发挥互联网在助推脱贫攻坚中的作用，推进精准扶贫、精准脱贫，让更多困难群众用上互联网，让农产品通过互联网走出乡村，让山沟里的孩子也能接受优质教育"。此后，在参加十三届全国人大二次会议河南代表团的审议、脱贫攻坚调研以及出席全国脱贫攻坚工作座谈会时，习近平总书记多次强调，打赢脱贫攻坚战，要重点抓好宽带网络等基础设施建设。

习近平总书记的一系列重要指示，充分肯定了宽带网、互联网等现代信息网络技术在脱贫攻坚中的作用，将网络扶贫与精准扶贫、精准脱贫有机结合，为农村宽带发展和网络扶贫指明了方向。

其实，从"村通工程"到电信普遍服务，我国政府高度重视农村通信发展的思路是一以贯之的——从"十五"计划之后的每一个五年规划，以及国家信息化发展规划、"宽带中国"战略、提速降费指导意见、扶贫攻坚战略等，都对电信普遍服务提出了明确要求。

2013年我国发布"宽带中国"战略，首次将宽带网络和水、电、路一起，定位为"新时期战略性公共基础设施"，特别提出将宽带纳入电信普遍服务范围，重点解决宽带"村村通"的问题，开启了我国农村宽带发展的新篇章。2015年5月，国务院办公厅印发《关于加快高速宽带网络建设推进网络提速降费的指导意见》，提出完善电信普遍服务，开展宽带乡村工程，加大农村和中西部地区宽带网络建设力度。针对农村宽带网络建设投资高而收益低、存在严重的"市场失灵"的实际情况，党中央、国务院作出实施电信普遍服务试点工程的重大决策。2015年10月14日，国务院常务会议提出，改革创新电信普遍服务补偿机制，支持农村及偏远地区宽带建设，是补上公共产品和服务"短板"、带动有效投资、促进城乡协同发展的重要举措。会议决定，加大中央财政投入，引导地方强化政策和资金支持，鼓励基础电信、广电企业和民间资本通过竞争性招标等公平参与农村宽带建设和运行维护，同时探索PPP、委托运营等市场化方式调动各类主体参与积极性，力争到2020年实现约5万个未通宽带行政村通宽带、3000多万农村家庭宽带升级，使宽带覆盖98%的行政村，并逐步实现无线宽带覆盖，预计总投入超过1400亿元。

为了推动电信普遍服务补偿机制的顺利实施，2015年12月，工信部办公厅和财政部办公厅联合印发《2016年度电信普遍服务试点申报指南》的通知，正式启动电信普遍服务试点工作，农村宽带网络建设开始步入快车道。

在加快推进电信普遍服务试点工作的同时，党中央、国务院从实现脱贫攻坚战略目标出发，开始实施更大规模的网络扶贫行动。2016年7月，中共中央办公厅、国务院办公厅印发《国家信息化发展战略纲要》，明确提出"实施网络扶贫行动计划"的战略部署。《中共中央　国务院关于打赢脱贫攻坚战三年行动的指导意见》《乡村振兴战略规划（2018—2022 年）》等重大政策中，相继提出"完善电信普遍服务补偿机制，引导基础电信企业加大投资力度，实现 90% 以上贫困村宽带网络覆盖""深化电信普遍服务，加快农村地区宽带网络和第四代移动通信网络覆盖步伐。实施新一代信息基础设施建设工程"等要求，对农村宽带网络覆盖和网络扶贫工作作出具体部署。

在当今的信息时代，不让贫困地区群众掉队，很重要的一条就是不能让他们在使用互联网上掉队。实施网络扶贫行动，就是要为农村地区群众提供用得上、用得起、用得好的网络服务，开拓农村互联网应用市场，弥合"数字鸿沟"，让数字红利充分释放，让亿万人民在互联网共建共享中有更加广泛而且充足的获得感。网络扶贫行动为推进精准扶贫、精准脱贫提供了新方法、新路径，成为撬动扶贫攻坚工作的杠杆。

国家的高度重视、高瞻远瞩的顶层规划和支持有力的配套政策凸显了我国在电信普遍服务和网络扶贫方面的制度优势，为在一个底子薄、基础差、幅员广的大国实现农村宽带逆势崛起和网络扶贫取得积极成效探索出了一条有益的道路。

各方联动，协同推进

电信普遍服务和网络扶贫是一项系统工程，涉及信息通信主管部门和相关部委、地方政府、信息通信行业、医疗教育应用行业等方方面面。我国农村宽带网络能在短短几年间发生翻天覆地的变化，靠的是"集中力量办大事"的社会主义制度优势，靠的是政府在"以人民为中心"的思想指导下统筹各方资源，协力推进宽带网络建设，让曾经与世隔绝的偏远地区的农民通过互联网尽享现代信息文明。

为贯彻落实党中央、国务院有关加强电信普遍服务补偿机制和网络扶贫的决策部署，工信部会同有关部委、地方政府和基础电信企业，从经济社会发展的大局出发，加强与相关方面的协作配合，加强规划政策引导和服务，及时推动出台了一系列措施以加快政策落地，掀起了农村宽带建设发展的高潮。

作为行业主管部门，工信部扛起了推进电信普遍服务的大旗。他们站在打赢脱贫攻坚战和建设网络强国的高度，把电信普遍服务和网络扶贫工作作为重大政治任务进行谋划和推进，多次开会研究部署，并将贫困村通宽带的情况列入党组会议议定事项，定期跟踪督办。时任工信部部长的苗圩多次作出批示，对工作进行具体部署，并在开展扶贫调研检查时专门提出明确要求。工信部多次主持召开全国电视电话会、现场推进会、工作座谈会等，强调要提高政治站位，主动担当作为，全面落实党中央、国务院的决策部署；在与地方党委、政府负责同志座谈时，均将电信普遍服务作为重点议题，并及时与相关部委衔接协调，统筹推进；工信部领导多次到扶贫县调研、指导宽带网络工作，实地了解电信普遍服务管理支撑平台的精确监测情况。

电信普遍服务补偿机制是一个全新的尝试，工信部在组织实施六批电信普遍服务试点工程的过程中，结合各地反映的共性问题，不断总结经验教训，进一步研究对策、加强指导，持续创新完善，提高政策效率。在前三批试点重点支持行政村光纤宽带网络建设升级的基础上，从 2018 年起，将农村及偏远地区的 4G 网络建设纳入电信普遍服务工作的范畴，并根据资金用途和项目建设内容的变化，先后修订了《电信普遍服务补助资金管理试点办法》《电信普遍服务试点项目竣工验收办法（试行）》等文件，进一步规范电信普遍服务补助资金使用和工程项目验收要求。

作为电信普遍服务试点项目的具体组织实施者，各省（区、市）通信管理局处于承上启下的关键位置。它们加强与地方财政部门、工信部门、扶贫部门等的沟通协调，建立横向纵向联动机制，调动基础电信企业参与的积极性，把控好项目招投标、施工、验收、检查等关键环节。连续六批电信普遍服务工程的滚动实施，正是在它们的统筹协调下，才得以有序推进，取得了显著成效。

我国农村宽带的发展离不开国家相关部委的大力支持。为落实国务院电信普遍服务补偿机制，工信部、财政部共同推动设立普遍服务配套资金，于2015年12月正式启动电信普遍服务试点申报工作，加大公共财政对农村和中西部地区宽带发展的支持力度，使我国农村的宽带发展有了长效机制。国家发展改革委、国务院国资委、农业农村部等部委通过多种方式给予支持并开展项目合作。2019年9月，中央网信办与工信部联合发文，推动网络扶贫年度目标任务落地。为贯彻落实中央领导同志重要指示精神，进一步落实《中共中央 国务院关于打赢脱贫攻坚战的决定》部署要求，国家发展改革委办公厅、中央网信办秘书局、农业农村部办公厅和中国农业发展银行联合印发《关于支持推进网络扶贫项目的通知》，进一步明确了农村信息化重点支持的领域。2016年10月，中央网信办会同国家发展改革委、国务院扶贫办联合印发了《网络扶贫行动计划》，建立了包括中央组织部、工信部、农业农村部等20个部委参加的网络扶贫行动部际协调机制，共同推动网络扶贫工作。围绕宽带网络"用得起""用得好"目标，工信部与教育、卫生部门联合，推动"互联网＋教育"、"互联网＋健康扶贫"政策的具体落实。

配合卫生健康部门推进"互联网+健康扶贫"试点，探索更多可复制、可借鉴、可推广的模式；配合教育部门改善"两类学校"（乡村小规模学校和乡镇寄宿制学校）的宽带网络基础条件。

在推进电信普遍服务的过程中，各级党委政府的支持也功不可没。很多省份把农村宽带发展列入当地惠民工程，不仅直接拨出专项建设资金，而且出台各种优惠政策，对电信普遍服务工程建设涉及的土地征用、青苗补偿、道路开挖等提供"绿色通道"，减免部分费用和税收，对农村宽带建设给予大力支持。

各方齐努力，共画同心圆。电信普遍服务的成功实施，充分体现了部省联动、多方合力的高效协同，充分体现了社会主义制度"集中力量办大事"的优越性。

央企担当，不惜代价

电信普遍服务工程建设的重任，历史性地落在电信运营企业身上。作为中央企业，他们义无反顾地承担起这个重任，积极履行政治责任和社会责任，克服重重困难，全面推进这项功在当代、利在千秋的重点工程。

中国电信、中国移动、中国联通三家基础电信企业，以及中国广电、中国铁塔，提高政治站位，树立大局意识，在投资大、收益低，有的甚至是长期赔钱的地方，根据国家电信普遍服务的要求，义无反顾地加大投入，2019年已经实现了行政村通光纤、通4G的比例双双超过98%，提前完成了国家"十三五"规划目标。

建设配套资金不足，是摆在电信企业面前的一大难题。电信普遍服务试点政策要求，在试点项目竞标时，中标企业必须满足中央财政补贴资金与企业配套资金3∶7的要求，这意味着企业得到中央财政补贴资金越多，自筹配比资金就越多，这对电信运营企业不是一笔小数字，特别是对一些经营情况不太好的企业来说，更是难上加难。然而，面对广大偏远地区农民对信息的殷切期待，三大基础电信企业均积极承担央企社会责任，千方百计筹措资金，全力以赴施工建设，确保如期完成农村宽带建设任务。

农村通信是一项投入大、收益少、见效慢的基础性公共服务，其社会效益远远大于经济效益。建设一个基站，在内地需要约30万元，而在西藏却需要100万元左右。由于地形复杂，地震、泥石流频发，网络建设难，维护更难。西藏是全国唯一的省级集中连片贫困地区，又是边疆少数民族地区，农牧区脱贫渠道相对单一，人均收入水平较低，加上用户需求少等因素，导致电信普遍服务试点项目完成后宽带用户发展难度大，企业营收效益低。以西藏墨脱肯肯村为例，光缆线路等建设费再加上设备投资近200万元。普通村的维护费一年需要10万元，而在肯肯村还远远不止。该村一共只有29户人家，即使全部开通宽带业务，全年也仅有近3万元的收益。由于供电不稳，企业只好采取自己发电的方式来确保网络畅通，因此还承担着不菲的发电成本。

在像西藏这样的地方，可能100年也收不回投资。但是，各电信运营企业集团不只算经济效益账，更算社会效益账，对建设难度大的省公司给予专项预算补贴，制订阶段性计划，统筹安排工程进度，确保任务顺利完成。对他们来说，比赢利更重要的，是改变中国乡村通信面貌的社会责任和历史担当！

电信普遍服务试点项目大多是十多年"村通工程"遗留的难啃的"硬骨头"。除了巨额的资金投入，还有艰辛的工程建设，有时可能要付出生命的代价！以四川"悬崖村"为例，有铁梯的路坡度在 60 度以上，距离远且容易打滑，不适合背负建材行进。设备从山下搬运到山上，只能通过一条隐秘的羊肠小道向上爬。4 公里山路，要足足走 5 小时，乱石堆随处可见，稍不留神就可能崴脚或摔倒。一袋水泥重 50 公斤，一根钢管重约 200 公斤。施工队与村民共 20 个人一起分成三组，抬着钢管上山，每天只能行进几百米，休息的时候或天黑了就用绳子把钢管固定住，到第二天继续搬运，就这样足足抬了一周时间，每个人的肩头都红肿得厉害，有的人肩头磨破了也一直咬牙坚持。说在"悬崖村"建铁塔比登天还难一点都不为过。

在零下 37 摄氏度的大兴安岭，在水流湍急的雅鲁藏布江、在波澜壮阔的南海……到处都有不畏艰险、顽强拼搏、义无反顾完成电信普遍服务建设任务的电信运营企业员工的身影。他们肩负责任、心怀家国，踏遍千山万水，排尽千难万险，在中国通信史和中国扶贫史上铸起了一座座不朽的丰碑。

因地制宜，大胆创新

电信普遍服务的成功实施，还得益于基于国情、因地制宜的一系列创新——政策创新、手段创新、技术创新、应用创新等。

政策创新是最大亮点。电信普遍服务补偿机制政策制定之初，我国政府没有照搬国际上的普遍做法——征收普遍服务基金，根据市场竞争情况确定实施普遍服务的主体企业，再进行补偿，而是根据中国农村宽带发展的实际情况和"村通工程"的经验，综合考虑行业属性、企业责任等因素，采取"中央资金引导、地方协调支持、企业为主推进"的总体思路，形成中央、地方、企业合力支持农村宽带建设发展的格局。

同时，我国建立了社会力量广泛参与的农村宽带发展投融资机制，结合宽带接入网络业务试点，放宽农村宽带市场准入条件，鼓励和引导互联网企业、农业企业、ICT制造企业等各方社会资金投入。结合电信普遍服务试点，鼓励基础电信企业、广电企业和民间资本等公平地参与到农村宽带建设、运营维护、用户普及和应用推广中来，充分发挥各方的优势，整合资源，运用市场化方式调动各类主体参与的积极性，通过透明公开的招标选择承建企业，坚持在同等技术条件下价低者得的原则，择优选择中标企业。这有利于提高财政资金的使用效率，解决政府和企业信息不对称的问题。

技术创新是最大保障。承担电信普遍服务建设任务的基础电信企业积极探索经济适用的技术手段，在有线通信、移动通信、卫星通信以及固定无线接入的基础上，采用微波等多种技术手段，研发推广经济适用的技术和产品，既解决了建设成本偏高、周期长、施工和维护困难等问题，也推动了一批自主研制的低成本产品在农村的广泛使用。

管理方式创新是有力支撑。在实施电信普遍服务工程的过程中，手段创新处处可见。例如，前三批电信普遍服务试点项目支持了超过13万个行政村的光纤建设，靠人力难以实现监督检查全覆盖，为了动态掌握工作进展、及时发现存在的问题、展示试点成效，在试点工作启动之初，工信部指导中国信息通信研究院进行了技术创新，搭建了电信普遍服务管理支撑平台，联合企业开发部署普遍服务专用光猫，通过技术手段实现对试点行政村网络开通情况和网络质量的实时监测。在中国信息通信研究院3G楼一层会议室的显示屏上，一张全国贫困村通光纤的电子地图让全国贫困村通光纤的情况变得一目了然。地图上，黄色亮点代表电信普遍服务试点项目实施前已通光纤的贫困村，绿色亮点代表电信普遍服务试点项目实施后通光纤的贫困村，红色亮点代表目前仍未通光纤的贫困村。作为电信普遍服务管理支撑平台，贫困村通光纤的地图帮助摸清了贫困村的"家底"，实现了对试点项目的监督，为电信普遍服务试点工作提供了支撑。

应用创新是最终目的。近年来，信息通信业坚持"建用并举"，确保老百姓对宽带网络用得上、用得起，更要用得好。一方面深入推动网络提速降费，加大对农村偏远地区，特别是贫困地区的支持力度。2018年10月，工信部联合国务院扶贫办印发《关于持续加大网络精准扶贫工作力度的通知》，要求电信企业向贫困用户特别是建档立卡贫困户大幅降低资费水平，最低可达3折，据统计，建档立卡使用优惠套餐的客户已经接近300万。另一方面，推动各类信息应用进村入户，充分发挥已经建好的宽带网络的作用，农村党建、各类社会服务走近老百姓的身边，农村电商、特色旅游风生水起，远程医疗、远程教育逐步普及，极大地改善了农村的生产生活方式，被老百姓比喻为"指尖上的幸福"。

数据显示，2018年全国农村网络零售额达1.37万亿元，同比增长30.4%；全国农产品网络零售额达2305亿元，同比增长33.8%。可以说，是电信普遍服务成就了农村电商的蓬勃发展，农民从信息隔绝到将农产品卖到世界各地，网络扶贫正帮助他们实现自己的"中国梦"。

一条条铺向农村的信息高速公路，架起了农村与外界沟通的桥梁，留守儿童可以和远在千里之外的父母视频通话，农民可以在网上了解生产、市场信息和销售农产品。如今，农村医疗、社保、教育等方面都实现了网络化……网络让农民看到了外面的世界，城乡"数字鸿沟"正在逐步缩小。网络扶贫让更多偏远地区的群众享受到了城乡均等的信息服务，让更多农村家庭通过电子商务走上了脱贫致富的道路。

网络扶贫是信息通信人献给我国广袤农村的一份大礼。在浩瀚的历史长河中，这几年不过弹指一挥间，但在中国农村通信发展的征程中，却是沧桑巨变、浓墨重彩的高光时刻。

网络扶贫的经济学价值

减贫脱贫是联合国千年发展目标的重要内容，消除"数字鸿沟"是国际电信联盟信息社会世界峰会的主要目标。中国实施脱贫攻坚战略，2020年决战决胜脱贫攻坚目标任务，为其他国家树立了榜样。在国家脱贫攻坚战略中，网络扶贫发挥了重要作用，为精准扶贫提供了重要手段和平台，信息流带来了客流、物流、技术流和资金流，加速了农村生产要素的流动，大大提升了农村生产力和生产效率。

网络扶贫为精准扶贫提供了重要手段和平台

宽带互联网的普及打破了农村简单的生产关系，脱贫攻坚和网络扶贫实现了农村生产关系的一次大跃迁，丰富了农村经济发展的生产要素和参与主体，形成了脱贫致富、共同发展的新景象。

第一，网络扶贫重塑了精准扶贫主体与客体的关系。

传统的农村扶贫是政府作为单一扶贫主体、贫困群众作为扶贫对象，自上而下的外源救济型扶贫。这种扶贫方式难以准确把握不同地区的贫困现状，扶贫效果不明显。

农村扶贫是一个开放性的系统工程，不能仅仅依靠政府。宽带互联网的通达，让更多的企业和社会组织了解农村、了解农民，积极投身到扶贫工作中。在网络扶贫的实践过程中，政府、企业、社会组织和贫困群众已经形成比较清晰的定位，发挥各自优势，形成合力，推进扶贫工作。

政府部门做好顶层设计，建立健全扶贫工作机制，扎实推进农村网络基础设施建设，统筹协调扶贫资源配置。电信运营企业、互联网企业和农业科技企业针对农村和偏远地区予以倾斜和照顾，为贫困群众开发出具有针对性的信息扶贫技术和应用，解决了贫困群众与市场之间的信息不对称或信息失真等问题。社会组织在网络扶贫中更多的是关注政府部门顾及不到或无法很好完成、市场化企业不愿介入的工作，切实为贫困群众提供更多的公共服务。贫困群众是网络扶贫的主力军和受益者，优质的网络服务能够充分激发贫困群众的主动性与创造性，使其意识到"脱贫致富终究要靠贫困群众用自己的辛勤劳动来实现"。

第二，网络扶贫促进扶贫动力从外源救济到内生崛起。

2017年6月，在深度贫困地区脱贫攻坚座谈会上，习近平总书记曾经明确指出"没有内在动力，仅靠外部帮扶，帮扶再多，你不愿意'飞'，也不能从根本上解决问题"。互联网是农村贫困群众了解外界的一个非常便捷的手段。

在网络扶贫实践中，政府部门改变了过去直接送钱、送物的外源救济思路，充分发挥互联网在农村扶贫中的重要作用，大力建设农村宽带网络基础设施，着力培养农村贫困人口的发展能力。借助四通八达的信息高速公路，每个贫困群众都成为信息的发出者，能够及时准确地获取市场需求信息，合理安排生产和提供自己的商品，贫困群众赚钱的手段日趋丰富，自我脱贫致富的意识也不断得到增强，逐步从"要我脱贫"走向"我要脱贫"。

数字普惠金融解决了贫困群众发展的资金需求问题

网络扶贫在给偏远农村带去光纤宽带和 4G 网络的同时，也带去了数字普惠金融这样的互联网应用，偏远农村的群众使用金融服务更加方便，也获得了更多发展资金的支持。

第一，让贫困群众更便捷地享受金融服务。

金融信息化的发展让很多金融活动搬到了线上，许多银行都开发了电话银行、手机银行和网上银行等。对缺乏银行网点的农村地区来说，电子银行更加便捷，借助互联网，降低了金融服务的供给成本，拓展了农村金融服务的覆盖广度。宽带网络通达以后，极大提高了广大农村和偏远地区金融服务的便捷性，贫困群众可以非常方便地使用各类金融服务，特别是银行转账、电子支付、小额贷款申请等服务。

随着移动互联网的发展，微信、支付宝等已经成为大家日常生活中不可或缺的一部分，人们出门只要带上手机就可以了。微信、支付宝等第三方支付工具的发展给农村用户提供了更多的便利，扫码支付方便了人们的生活，互联网支付技术随着手机"扫一扫"已经被广大农民在集市上广泛使用，便捷的支付方式还促进了农村电商的发展。

第二，数字普惠金融丰富了贫困群众的融资手段。

我国数字普惠金融发展较早，充分发挥了"成本低、速度快、覆盖广"的优势，服务于小微企业、普通农户和创业者。金融机构开发上线的互联网信贷、互联网保险、互联网支付、投资理财等新型金融产品，可以满足不同类型贫困农户的差异化需求，特别是对于那些不符合传统金融服务抵押担保要求的贫困农户，可以通过多种形式的非正规信贷解决资金约束问题，例如蚂蚁金服就借助阿里巴巴集团的交易数据信息、芝麻信用积分等对用户进行信用评估，并在此基础上为用户发放信用贷款，能够很好地解决农村用户的小微贷款难问题。

农村电商以信息促进了资源的优化配置

电信普遍服务将互联网和电商平台带到广大农村，"互联网＋农业＋电商"的模式快速崛起，以淘宝、京东、拼多多、苏宁等为代表的电商平台成为农村资源配置的重要平台，大大缓解了偏远农村地区供需信息不对称的问题，再加上便捷的购买方式以及畅通的物流体系，彻底改变了传统农产品的销售模式，带动了农业特色产业的发展，大大加速了农村贫困家庭脱贫和产业扶贫的进程。尽管受到新冠肺炎疫情的影响，我国农村的电子商务还是保持了较快的发展。根据相关数据，2020年第一季度，我国832个国家级贫困县的农村电商实现逆势增长，网络电商总数为246.9万家，农产品网络零售额达83.2亿元，同比增长49.7%，比全国农村平均增速高出11.5个百分点。

第一，发达的电商平台成为农产品销售新集市。

农村电商平台等信息基础设施为贫困群众农产品的销售搭建了新的平台，实现了贫困户与供需市场的对接，大大降低了农村群众信息获取的成本。国家非常重视电商在农村扶贫中的作用，2014年以来，商务部会同财政部、国务院扶贫办持续实施电子商务进农村综合示范项目，在全国1180个县特别是832个贫困县，搭建以物流配送、公共服务、人才培训为主要内容的农村电商运营体系，助力农产品出村和农民增收；2015年11月，《中共中央　国务院关于打赢脱贫攻坚战的决定》提出加大"互联网＋"扶贫力度，实施电商扶贫工程；2018年10月，中共中央、国务院印发《国家乡村振兴战略规划（2018—2022年）》，提出要深入实施电子商务进农村综合示范，建设具有广泛性的农村电子商务发展基础设施，加快建立健全适应农产品电商发展的标准体系；2019年12月，农业农村部、国家发展改革委、财政部及商务部发布关于实施"互联网+"农产品出村进城工程的指导意见，建立完善适应农产品网络销售的供应链体系。经过多年的完善和发展，我国已经探索出一条电商扶贫的新路子，农村电商成为解决产品销售难问题的一个重要渠道。

随着淘宝、京东等大型电商平台向农村的延伸，电商扶贫的规模效应更加显现。以阿里巴巴零售平台的涉农电商平台为例，截至2018年年底，该平台累计容纳近900个国家级贫困县进行网络销售，共实现年销售额630多亿元，其中100多个贫困县的网络销售额达到或超过1亿元。阿里巴巴集团已形成具有自身平台特色、可持续发展的脱贫模式，不仅帮助贫困地区销售了优质产品，还帮助这些地区培育并发展了优势产业。

第二，新式的社交媒体销售带火农产品销售。

近年来，直播、小程序、短视频等网络平台发展迅速，并且凭借着可见性强、知识能力门槛低、平等进入等特征，很快成为新的农产品销售平台，形成了农村社交电商的新模式。据商务部的统计，2020年预计我国社交电商市场的规模会达到3万亿元，达到网络零售业交易规模的31.3%。社交电商有效满足了消费者多层次、多样化的需求，在激发中小城市和农村地区消费潜力方面发挥了重要作用。

以直播平台为例，不少贫困地区的农民都在借助直播平台售卖农产品，扩展了受众范围，促进了销售，提高了收入，加快了贫困地区的价值转化。阿里巴巴集团的淘宝直播"村播计划"，通过"县长+主播+明星"的方式，让贫困县城的优质农产品通过淘宝直播平台触达了更多的消费者。在新冠肺炎疫情期间，县长直播间"带货"助农直播，为农民解决了农产品的滞销问题，通过网络将"流量"盘活，转化为扶贫的"新引擎"，贫困地区的农产品销量不断攀升。

第三，互联网助力农产品品牌建设。

"互联网+"拉动品牌农业闯世界，农特产品"接网触电"，现代农业"换挡升级"，涌现了一批"脱贫网红"，农村经济跑出了发展的"加速度"。如北京字节跳动科技有限公司的"山货上头条"打造、宣传现有的公共品牌，助推当地农产品走出大山，以品牌打造与人才培训赋能贫困地区。又如，贵州电子商务云运营有限责任公司开展贵州省网络扶贫公益广告项目，坚持"强龙头、创品牌、带农户"原则，促进山货出山，对贫困地区农特产品进行宣传推广。

第四，"互联网+"农村物流为农村销售新模式提供了保障。

大力发展农村物流是降低农业生产成本、提升农产品价值的重要举措，是降低农村地区失业率、促进农业规模化生产、提高农村劳动生产率的重要手段。农村宽带互联网的发展为农村物流网络建设提供了基本条件。如京东物流早在2015年就开创了"京东帮"的服务模式，依托物流网络和供应链整合能力，助推精准扶贫。近年来，京东物流加快在冷链物流领域的布局，充分发挥F2B2C一站式冷链服务能力的优势，在农产品原产地打造"产地仓""协同仓"等创新仓储模式，将供应链环节前置到距离产地最近的地方，助力农产品上行。京东物流还依托强大的商流优势，帮助农户在打通线上销路的同时，打造地方特色农产品品牌，提升品牌的溢价能力，帮助农民增收。目前，京东物流已覆盖我国大陆地区所有区县，并深入广大的乡镇村头，给乡村带来了现代化生活的便利。

信息通信技术促进了农业生产方式的转型升级

信息通信技术与农业生产融合，为农业生产方式和产业结构转型升级创造了历史机遇，驱动农业由传统、区域性的低端产业迈向更广阔市场和高端产业，由单一弱势产业向综合性产业转型，定制农业、创意农业、认养农业、云农场等新业态、新模式方兴未艾。

第一，互联网将农业生产、科技信息送到了农户手上。

农业生产信息和农业科技信息的获取是贫困群众改善生产技能、提升生产效率、增强脱贫致富能力的重要技术手段。农村宽带网络的覆盖丰富了广大农民获取农业相关信息的手段，也促进了我国农业信息平台建设。如农业农村部建设有"三农综合信息服务平台（12316中央平台）"，建有农业信息库和培训体验等资源，提供了市场价格查询、供需走势等信息动态。又如，北京五八信息技术有限公司发挥社会企业的平台优势，加快乡镇信息站点建设，助力贫困地区农产品销售，推动劳动力就地、就近就业和返乡就业。2020年，因为疫情，春耕春播工作在线推进，线上服务、直播教学等在各地出现。农业部门的专家教授通过"网络直播"传授种植技术，贫困农民通过网络认认真真地学，新型农业人才"破土而出"。政府不断深化信息惠民服务，加强农民信息素养培训，通过线上培训等方式，帮助很多地方的贫困劳动力、就业困难人员、零就业家庭成员等提升了职业技能，成功实现了就业。

第二，信息网络发展助推了农业现代化。

长期以来，我国的农业发展面临着规模化生产不足、生产方式较粗放、农产品质量难以得到保障等难题，一些贫困地区的农业生产方式更加落后。电信普遍服务给偏远农村地区带来了高速的宽带互联网，更多农业高科技企业、电商企业、电信运营企业也将信息通信技术引入农产品生产、加工、流通、消费等各个环节，信息通信技术作为重要的生产力正改变着农业发展的模式，农业生产的效率得到提升，农业生产的成本进一步降低，更多的产出效益推动着农民致富。

在农业生产环节，数字化技术是现代农业不可或缺的要素，数字农业的大面积推广是未来农业发展的大趋势，更多的信息通信技术将助力生产管理现代化。在现代设施农业领域，利用物联网、地理信息系统等对环境要素和农产品的生长数据等进行实时采集、自动监控，通过自动化控制设备实现对田间施肥、灌溉、喷药的智能控制。在规模化大田种植业方面，通过远程视频监控，对农作物灾害进行监测预警和生产调度，以及提供无人农车耕地、无人机农药喷洒等广泛应用。在现代化、集约化的养殖企业，养殖场可通过计算机进行数字化控制。

在农产品流通环节，利用物联网标识和感知技术，实现对农产品从原料供应、加工、包装到销售等整个流通过程的全程追溯管理。

第三，"互联网 + 合作社 + 农户"开启了致富新模式。

农业生产时常被三大问题困扰，一是农民缺少市场信息和技术，"种错、卖难"年年发生；二是经营分散"高买、低卖"，采购农资遭受上游经销商加价，销售农产品被下游贸易商压价；三是信息、科技、购销、教育等农业服务不足，农民未能获得农业生产的最大收益。

一些地方探索出"互联网 + 合作社 + 农户"的新型农业服务体系，由合作社、家庭农场、农业大户和生产者参与经营，依托互联网平台，共同开展信息服务助农"种对、卖好"，技术服务助农"高产、高效"，购销服务助农"省钱、赚钱"的互助经济组织，消费分红，入股创业，谋求成员共同利益，服务成员增收致富。"互联网 + 合作社 + 农户"的服务体系解决了农村信息闭塞、农民经营分散、农业服务滞后的三大问题，以产业扶贫壮大农村经济，为实现乡村振兴走出了一条新路。

信息通信技术激活了贫困地区农村农业的内在价值

贫困地区往往生态优良，农产品具有鲜明的地域特色，在缺少先进技术时，信息不对称，市场渠道窄，不能把资源优势、生态优势转化为市场优势和经济优势。而信息通信技术的全面介入为贫困地区的农产品走向国内外市场打开了广阔空间。特色农产品、民宿等原本"藏在深山无人知"的"弱势"产业，搭乘互联网的快车，一下子变得红火起来。

智慧旅游等创新型产业，将自然风光、人文资源融入数字经济，带动乡村发展，"旅游＋扶贫"为贫困县及其村民提供了发展机会。如"互联网＋共享民宿"概念走入乡村，广西桂林市与爱彼迎（Airbnb）合作开展民宿扶贫项目，为"旅游＋扶贫"提供参考范本。又如，唯品会的唯爱工坊打造"电商＋非遗＋扶贫"的非遗新经济道路，聚焦"非遗"手工地，将"非遗"与扶贫工作开创性地结合起来，在精准扶贫的同时，实现"非遗"的活化传承。

7.4 网络扶贫的社会学意义

网络扶贫开辟了脱贫攻坚的新思路、新路径、新手段，不仅能够帮助农民脱贫致富，改变传统的农业生产方式，更为提高农村公共服务水平、提升乡村治理水平、巩固基层党建和政权、改变农村文化生活和农民精神面貌提供了有力支撑和保障。因此，网络扶贫不仅有巨大的经济学价值，也有重要的社会学意义。

网络扶贫有助于提高农村基本公共服务水平

我国正推进"互联网＋教育""互联网＋医疗"等，让百姓少跑腿、数据多跑路，不断提升公共服务均等化、普惠化、便捷化水平。农村基本公共服务是维护基层社会和谐稳定的基础，宽带网络的普及为教育、医疗等优质资源的共享和社会保障打牢了基础，显著提升了农村基本公共服务水平。

第一，网络扶贫有利于缩小城乡和群体差距。

政府所主导提供的基本公共服务要广泛覆盖到每一个社会公民，尤其对那些弱势群体应给予更多的关注和照顾，这样不仅能够保护社会公民在公共服务领域最基本的生存权和发展权，而且可进一步促进社会的公平正义。

在世界上的大多数国家，提供电信普遍服务一直被看作政府对公民应尽的义务，因为电信普遍服务能够产生巨大的社会效益，具有准公共物品的性质。

由于种种原因，我国城乡之间基本公共服务不均等的现象突出。这不仅制约了农村贫困地区的经济发展，更拉大了城乡差距。而随着近年来我国大力推进电信普遍服务工程，全国行政村通光纤和 4G 网络的比例均达到 98%，广大农民已经基本能够"用得上""用得起""用得好"宽带网络，横亘在城乡之间的"数字鸿沟"正在逐步弥合。

电信普遍服务还意味着电信服务的普及和电信网络的拓展，让更多的人拥有社会联系的工具和享有电信服务的便利，从而起到了增进社会团结、提高社会凝聚力的作用。互联网作为平等自由的信息沟通平台，信息的流动和交互是双向的，信息沟通双方可以平等地进行交互。在基于宽带网络的互联网平台上，农民可以自由地获取信息、买卖商品、表达意见，致富手段得以增加，精神生活得到丰富，自尊感得到提升，群体间的差距也缩小了。

第二，网络扶贫有利于推动农村教育均等化。

法国社会学家皮埃尔·布尔迪厄在调研中发现，贫困家庭的子女在教育期待上存在"自我淘汰"现象，他们估计自己通过学校教育获得良好职业以及升迁的机会渺茫，不得已做出自我放弃的选择。因此，联合国呼吁对贫困的关注从"收入贫困"扩展到"人文贫困""能力贫困""选择贫困"等，扩展到对贫困群体的封闭性、边缘化倾向的关注。借助宽带网络，在农村推广"互联网 + 教育"，可以实现优质教育资源共享，提高贫困地区的教育水平，这是改变贫困地区家庭命运的重要途径。

扶贫先要扶志扶智。最有效的脱贫是帮助贫困群体养成具有摆脱贫穷的智力和判断力。2018 年 4 月，教育部发布《教育信息化 2.0 行动计划》，提出要大力支持以"三区三州"为重点的深度贫困地区教育信息化发展，促进教育公平、推进精准扶智。2018 年 6 月，《中共中央　国务院关于打赢脱贫攻坚战三年行动的指导意见》提出，在贫困地区优先实施教育信息化 2.0 行动计划，加强学校网络教学环境建设，共享优质教育资源。工信部与教育部也在农村积极推进"互联网 + 教育"试点。

经过多年的建设，我国农村中小学基本实现了光纤宽带的覆盖。通过宽带网络平台和"云课堂"，可以将城市的优质教育资源与贫困地区的农村教育对接，开辟了贫困地区孩子接受优质教育的新路子。这在某种程度上可以缓解农村教育水平落后、教学手段单一的问题，通过"互联网＋教育"实现优质教育资源的共享，提升农村教育的均等化水平。

第三，网络扶贫有利于解决农村医疗健康问题。

贫穷和疾病往往相约而来。农村因病致贫、因病返贫的现象十分普遍。网络扶贫有助于改变这种状况，通过建立建档立卡对象、特困人员低保对象等贫困人口的健康卡，组织医疗机构开展远程医疗服务，探索开展基于互联网的医养结合服务新模式，推动解决农民看病难的问题。

"互联网＋医疗健康"的方式使医疗资源的配置更加合理，把优质医疗资源和医生智力资源配置到偏远的贫困地区，在一定程度上缓解了优质医疗资源不均衡的情况。例如，通过建立互联网医院，把大医院与基层医院、专科医院与全科医生连接起来，帮助广大村民在家门口及时享受优质的医疗服务。针对基层优质医疗资源不足的问题，通过搭建互联网信息平台，开展远程会诊、远程心电、远程影像诊断等服务，促进了检查检验结果的实时查阅、互认共享，促进了优质医疗资源的纵向流动，大幅提升了基层医疗的服务能力和效率。

党中央、国务院高度重视"互联网＋医疗健康"工作，《"健康中国2030"规划纲要》《国务院关于积极推进"互联网＋"行动的指导意见》对此都作出了具体部署。《中共中央 国务院关于打赢脱贫攻坚战三年行动计划的指导意见》中提出，为贫困县医院配置远程医疗设施设备，全面建成从三级医院到县医院互联互通的远程医疗服务网络。"互联网＋医疗"，通过远程医疗系统，解决了农民看病难的问题，"智慧"化解"看病烦"与"就医繁"。作为工信部和国家卫生健康委员会"互联网＋医疗"的试点，河南省汝阳县于2017年年底在河南省率先建成覆盖县、乡、村三级的"远程诊疗"网络平台，汝阳农村基本实现了"健康进家庭、小病在乡村、大病到医院、康复回基层、90%病人就医不出县"的目标。

第四，网络扶贫有利于解决农村社会保障问题。

网络扶贫能够让农民享有更高质量的社会保障，满足他们更高层次的生存权和发展权。国家提出将贫困人口全部纳入城乡居民基本医疗保险、大病保险和医疗救助的保障范围。如何解决医疗报销中存在的手续烦琐、程序复杂、手工核算等问题，一直是老百姓关心、政府关注的民生大事。一些地方政府紧盯"两不愁三保障"目标任务，将新农合补偿报销系统、民政救助补助系统和大病保险报销系统纳入一个平台，为农户提供医疗扶贫报销补助"一单清"网络结算服务，不仅提高了医疗机构的办事效率，也切实提升了贫困群众的满意度。

网络扶贫有助于提升乡村治理水平

乡治即天下治，乡安即天下安。在社会治理中，没有通畅的信息沟通，社会系统的各子系统就不能产生协同。同时，有效的信息沟通机制也是统一、协调各主体行为与目标的基本要求。有关专家对精准扶贫的实践过程进行研究发现，村治主体公共权威的缺失是导致精准扶贫基层实践陷入困境的重要原因。在国家政权下沉的现代体制建设中，通过加强网络扶贫，注重建立和维护村治主体的公共权威，实现国家和社会的有效衔接，是精准扶贫高效实践的有效方式，也是实现农村基层治理良好运作的有效途径。

扶贫数据如何更加精准？如何实现扶贫各部门之间的数据共享和同步比对，提高信息数据的精度？如何利用平台的自动报表和统计功能，减少填表报数，减轻基层的工作量？这些难题的解决有助于极大地提升农村治理水平。

在喀什市阿瓦提乡扶贫办信息中心，利用新疆维吾尔自治区脱贫攻坚大数据平台可以轻松解决这些难题。通过静态信息系统，实现了对扶贫对象基础数据、脱贫攻坚计划任务和扶贫主体等信息的查询和管理。通过动态管理，实现了对项目实施、资金拨付和各项扶贫工作进展情况的实时管理。此外，通过监督比对系统，可以对脱贫成效进行监督和评价。通过精准扶贫 App，基层扶贫干部可随时查看贫困户的基本情况、享受的项目、帮扶措施等信息，修正各类基础数据，实时登记走访记录。利用各类不同渠道信息的大数据比对，还可以对脱贫全过程进行跟踪和监管，实现精准化管理。

宽带网络和农村信息化在乡村治理能力的提升中发挥了重要作用。如很多农村利用信息化系统，做到了村级财务公开，信息透明化，农民随时可查；遍及乡村的视频监控系统，减少了偷盗案件的发生率，提高了农村治安水平，老百姓的安全感得到进一步增强；与无线网络连接的"大喇叭"可随时广播政策信息和各种灾害预警信息，成为政府传达信息的一种重要手段；上下贯通的突发灾害应急平台，可为应急管理及时提供通信、预警、决策、调度支撑服务，有效降低洪水、泥石流等自然灾害带来的危害。

网络扶贫有助于提升农村基层党建水平

"农村富不富，关键看支部。"打赢脱贫攻坚战，特别要建强基层党支部，发挥基层党组织作用。深入推进抓党建促脱贫，就必须把贫困地区农村基层党建工作和打赢脱贫攻坚战结合起来，将党建活力转化为脱贫动力，把农村党支部建成脱贫"火车头",这样打赢脱贫攻坚战也就有了坚实的组织保障。

开展农村党员干部现代远程教育,是党中央着眼于加强农村党的建设、巩固党在农村的执政基础作出的一项重要部署。在脱贫攻坚战中,由各级组织部门建设的党员远程教育平台发挥了重要作用。通过该平台,农村党员干部可以同步学习习近平新时代中国特色社会主义思想,学习党的基本理论和方针政策,学习党建各项规章制度和新要求,基层党组织的战斗堡垒作用得以充分发挥,以村党组织为核心的村级组织配套建设进一步加强,党在农村的执政基础进一步巩固。通过定期的学习讨论,广大农村基层干部执行政策的能力、加快发展的能力、服务群众的能力、依法办事的能力、科学管理的能力和解决自身问题的能力进一步提高,在脱贫攻坚战中充分发挥了骨干带头作用。

通过网络扶贫,实现党建与扶贫互融互促、同频同振,实现了党建与扶贫"花开并蒂"的良好局面。广大贫困地区以精准扶贫为抓手,加强"两学一做"教育常态化、制度化,规范开展"三会一课",注重党的政策方针和脱贫攻坚学习教育,利用全国远程教育平台,组织基层党员收看系列节目,提高了党员干部的政治素质和思想觉悟,深化了党员干部的政治意识、大局意识、核心意识和看齐意识,解决了农村基层党建软、散、乱的问题。

网络扶贫有助于改善农村文化生活

扶贫先要扶志扶智。只有广大农民的思想观念转变了,"等靠要"的意识消除了,脱贫攻坚才有内生的动力。而依托于宽带网络的互联网,是改变农民传统观念,让农民增加知识、增长见识、了解外面世界和改善精神面貌的一个重要工具。

目前，贫困地区的很多人家都装上了宽带，看上了 IPTV，用上了 4G 手机，贫困地区的农民也能像城里人一样，分享互联网上丰富多彩的文化内容，如优质的电影、电视剧以及地方戏剧，优质的教学课件，以及各种政策、技术、市场信息。过去获取信息方式单一、精神文化生活贫乏的农民，有了充分的学习知识、陶冶情操的渠道，精神文化生活得以丰富，这在潜移默化中促进了他们思想观念的转变。过去，偏远地区的农民农忙之余无事可干，只有打牌、搓麻将、靠着墙根聊天，现在有了互联网，大家忙着学习种植技术、了解市场价格、进行电商交易，或是在网上看看电影、听听戏剧，精神面貌为之一变。

互联网还冲破了地域的阻隔，为广大农民提供了便捷的交流沟通平台。得益于微信等社交平台的发展，各类亲缘互助群体降低了沟通的时间成本，增加了沟通的频率，提高了沟通的效率。蓬勃兴起的社交平台，也使农民有了展示自身才艺的舞台。如一些喜欢戏剧、唱歌的农民朋友，在抖音、快手等平台上发布自己的唱段，兴趣相投的"唱友"组群交流心得，身心愉悦。

不仅如此，互联网还有利于传统文化的传承与振兴。以三江侗族地区为例，改革开放以来，年轻人忙于生计，纷纷外出务工，许多传统文化资源如琵琶歌、吹芦笙等技艺不断衰落，文化旅游的兴起改变了这种局面，在面向游客的文化展演中，各种传统技艺重获新生。外出务工的年轻人纷纷回到家乡，并且开始学习家乡非遗文化，各种"侗歌"群应运而生，人数从十几人到上百人不等。

网络扶贫正进入深层实施与推进阶段，唤醒、激活文化自信这一核心灵魂，进而持续发扬农村文化的优秀价值与功能，这成为让互联网在乡村振兴中发挥更大作用而努力的方向。

展 望

做好乡村振兴这篇大文章，宽带网络大有可为

2020 年是我国全面建成小康社会目标实现之年，也是全面打赢脱贫攻坚战收官之年。信息通信业聚焦深度贫困地区和特殊贫困群体，克服新冠肺炎疫情带来的影响，发扬敢啃"硬骨头"精神，用心血与汗水实现了深度贫困地区网络全覆盖，谱写了网络扶贫新篇章，为打赢脱贫攻坚战、全面建成小康社会发挥了关键支撑作用。

宽带网络跨越千山万水，连通戈壁大漠。在短视频的风靡和直播间的热闹里，正宗土货和绿水青山让越来越多的人流连忘返；在数字化资源的流动中，村里的书屋和学校"搬"来了大城市的博物馆、千里之外的优质课堂。今天的美丽乡村，倒映着移动互联时代的天光云影，享受着持续释放的数字红利。

近年来，信息通信业以习近平新时代中国特色社会主义思想为指导，认真贯彻落实党中央、国务院决策部署，深入实施网络扶贫行动，推进网络覆盖、农村电商、网络扶智、信息服务、网络公益向纵深发展，创新"互联网+"扶贫模式。完善电信普遍服务补偿机制，加大投资力度，针对贫困地区和贫困群众推出资费优惠举措，开发有助于精准脱贫的移动应用、智能终端。完善扶贫开发大数据平台，通过端口对接、数据交换等方式，实现户

籍、教育、健康、就业、社会保险、住房、银行、农村低保、残疾群众等信息与贫困人口建档立卡信息的有效对接。强化扶贫开发大数据平台共享使用，拓展扶贫数据系统服务功能，为脱贫攻坚决策和工作指导等提供了可靠手段和支撑。

党的十九大提出实施乡村振兴战略，这是以习近平同志为核心的党中央着眼党和国家事业全局，对"三农"工作作出的重大决策部署，是决胜全面建成小康社会、全面建设社会主义现代化国家的重大历史任务，是新时代做好"三农"工作的总抓手。习近平总书记强调，脱贫"摘帽"不是终点，而是新生活、新奋斗的起点。接下来要做好乡村振兴这篇大文章，推动乡村产业、人才、文化、生态、组织等全面振兴。在助力打赢脱贫攻坚战后，信息通信业要谋划建立长效机制，巩固好脱贫成果，在新起点上推进全面脱贫和乡村振兴的有效衔接，有力保证在从扶贫攻坚到乡村振兴两大战略的有效衔接中，宽带网络将持续发挥作用，作出更大贡献。

网络扶贫与乡村振兴如何"接得上、续得起、连得好"？信息通信业要按照中共中央、国务院印发的《乡村振兴战略规划（2018—2022年）》的要求，在"农"字现代化服务业上下功夫，夯实乡村信息化基础，让广大农民用上"金扁担"。深化电信普遍服务，加快农村地区宽带网络和第四代移动通信网络覆盖步伐。实施新一代信息基础设施建设工程。实施数字乡村战略，加快物联网、地理信息、智能设备等现代信息技术与农村生产生活的全面深度融合，深化农业农村大数据创新应用，推广远程教育、远程医疗、金融服务进村等信息服务，建立空间化、智能化的新型农村统计信息系统。在乡村信息化基础设施的建设过程中，同步规划、同步建设、同步实施网络安全工作。加快构建农村物流基础设施骨干网络，鼓励商贸、邮政、快递、供销、运输等企业加大在农村地区的设施网络布局。加快完善农村物流基础设施末端网络,鼓励有条件的地区建设面向农村地区的共同配送中心。继续实施公共数字文化工程,积极发挥新媒体作用,使农民群众能便捷获取优质数字文化资源。积极发展"互联网+教育",推进乡村学校信息化基础设施建设,优化数字教育资源公共服务体系。

打赢脱贫攻坚战、全面建成小康社会胜利在望,进军第二个百年奋斗目标、全面建设社会主义现代化国家的伟大新征程已经开启。新征程,新使命。信息通信业要在把握大局中主动担当、迎难而上,实现打赢脱贫攻坚战与乡村振兴的顺利衔接,全力做好乡村振兴这篇大文章,充分发挥宽带网络和现代信息技术的助力作用,让乡村"产业兴旺、生态宜居、乡风文明、治理有效、生活富裕"的振兴宏图早日变为美好现实。

后　记

在即将迎来打赢脱贫攻坚战、全面建成小康社会、实现中华民族第一个百年目标的盛举之际，《善作善成：中国网络扶贫纪事》一书付梓。能在这样一个具有里程碑意义的年份完成本书的编写任务，对编者而言，是一件十分荣幸的事。

2019年年底，人民邮电出版社的张立科总编辑到报社拜访，说2020年是我国决战决胜脱贫攻坚、全面建成小康社会之年，出版社正在策划一本网络扶贫方面的书，既是对信息通信业助力脱贫攻坚的一个总结，也是向全面建成小康社会的献礼，《人民邮电》报长期从事电信普遍服务和网络扶贫的宣传报道，有丰富的写作经验和案例积累，希望报社能承接此书的写作任务。此事得到了人民邮电报社社长张学军的大力支持，他认为编写网络扶贫的图书，是报社贯彻落实国家决战决胜脱贫攻坚、全面建成小康社会重大主题宣传任务的一项重要内容，于是愉快地答应了出版社的邀请。

报社很快组建了由王保平总编辑牵头的编写组，选调了20余位骨干编辑记者参与此书编写工作，他们是：邵素宏、张英、韩永军、肖卓、杨玲玲、武聪、赵媛、钟凌江、张佳丽、郭庆婧、叶曜坤、周振龙、邓聪、张鸣、朱筠、黄舍予、陈欣杰、郭佳、刘彤、王柳欣、罗琪。编写组在充分调研的基础上形成了图书大纲，多次讨论并经出版社同意，在2020年春节前确定了七章的内容框架和分工计划。

正当编写组全力以赴投入写作时，新冠肺炎疫情突如其来，工作节奏被打乱，采访调研安排被迫延期，给图书的编写带来一定的影响。为了保证图书如期出版，编写组尽最大可能克服疫情的影响，采取电话、网络等方式采访当事人，完成了部分章节的写作。

在此，要特别感谢中国信息通信研究院对本书编写工作的大力支持，胡坚波总工程师亲自协调，产业与规划研究所的牟春波副总工程师在疫情期间应邀来到报社，对本书部分章节的具体内容提出建议，并亲自撰写了一节的内容；政策与经济研究所的何伟副所长详细回答了我们的书面提问。同时也要感谢工业和信息化部网络安全管理局副局长陶青，她作为电信普遍服务政策制定的参与者，为我们回忆并提供了大量有价值的资料。在本书的编写过程中，工业和信息化部信息通信发展司提出了十分宝贵的建议，中国通信企业协会副会长武锁宁、人民邮电出版社编辑团队给予了大力的支持，在此一并表示感谢！

由于水平所限，本书谬误之处在所难免，欢迎大家批评指正！

编　者
2020 年 9 月